AF636859

WIENAND[S] KLEINE REIHE
DER KÜNSTLERBIOGRAFIEN

ALEXEJ JAWLENSKY
ERNST LUDWIG KIRCHNER
GUSTAV KLIMT
KÄTHE KOLLWITZ
WILHELM LEHMBRUCK
MAX LIEBERMANN
AUGUST MACKE
PAULA MODERSOHN-BECKER
GABRIELE MÜNTER
EGON SCHIELE
MAX SLEVOGT

Ina Ewers-Schultz

AUGUST MACKE

Wienand

Inhalt

EXKURSE

Er hat von allen der Farbe den hellsten und reinsten Klang gegeben, so klar und hell, wie sein ganzes Wesen war.

Franz Marc, 1914

Wer war August Macke?

Wagemutig, ja geradezu waghalsig agiert der Artist, der hier weit über den Köpfen der Zuschauer in Höhe der Häusergiebel auf dem hohen Seil über dem Marktplatz balanciert. 1914, in seinem letzten Schaffensjahr, malt der damals 27-jährige August Macke dieses Bild vom Seiltänzer. Unter dem Eindruck einer Varietévorstellung auf dem Marktplatz in Thun entstanden, wird das Bild zum Gleichnis des modernen Künstlers. Erlebtes und Erdachtes verschmelzen zu einer neuen Wirklichkeit. Die Figur des Seiltänzers symbolisiert die fragile gesellschaftliche Situation des Künstlers, der sich abseits der offiziellen Pfade und Konventionen bewegt. So steht der Seiltänzer stellvertretend auch für August Macke selbst. Heute ist Macke einer der

Seiltänzer, 1914,
Öl auf Leinwand,
82 x 60 cm

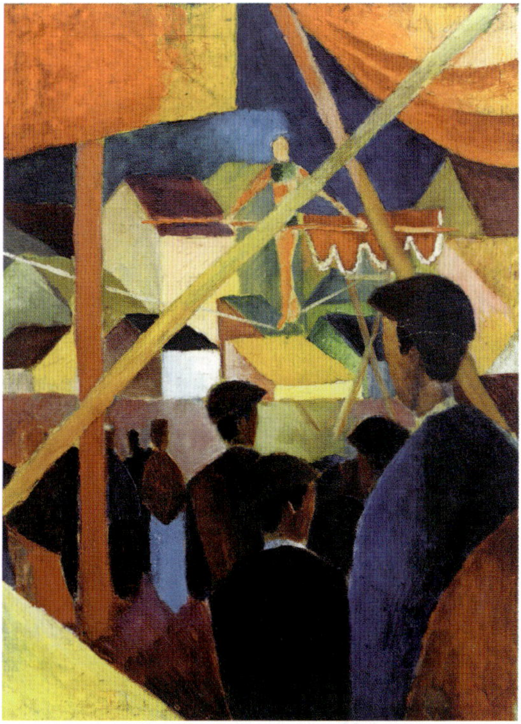

beliebtesten Künstler der ersten Hälfte des 20. Jahrhunderts. Er gilt als der heitere Expressionist. Seine Bilder sprechen das Gemüt an, machen gute Laune, und ihre Motive scheinen leicht verständlich. Gemälde aus seinen bedeutendsten Werkphasen erzielen bei Auktionen Preise von über 2 Millionen Euro. Vor 1914, zu seinen Lebzeiten, ist von dieser Begeisterung beim Publikum jedoch kaum etwas zu spüren. Unter Kunst stellt man sich damals etwas ganz anderes vor, und gerade die Farbenfreudigkeit stößt bei zeitgenössischen Betrachtern auf Unverständnis.

Mit seiner neuen und ungewohnten Malweise balanciert Macke am Abgrund, läuft jederzeit Gefahr, seine Existenz zu verlieren – genau wie der Seiltänzer in seinem Bild. Wie aber geht Macke mit den Schwierigkeiten um, und wann kommt es zu einer Neubewertung dieser damals so angefeindeten und heute so geschätzten Kunst? Was ist an seinen Bildern, die uns heute eher idyllisch und harmlos erscheinen, als aufregend und modern? Sind Mackes Bilder nicht vor allem einfach schön bunt? Und wie kommt eigentlich ein Künstler dazu, sich gegen den vorherrschenden Zeitgeschmack zu stellen? Mackes Kunst und seine Persönlichkeit verraten uns einiges darüber. Vor dem Hintergrund der Kaiserzeit und ihren engen gesellschaftlichen Vorgaben können wir bei der Betrachtung seines Lebens und seiner künstlerischen Entwicklung seinen konsequenten, aber auch immer wieder beschwerlichen Weg miterleben.

Künstlerische Anfänge

EUPHORIE UND HOHE ERWARTUNGEN

Endlich scheint sich August Mackes Traum zu verwirklichen. Mit großen Erwartungen betritt er am 1. Oktober 1904 das Ehrfurcht gebietende alte Gebäude, das die alte Düsseldorfer Akademie beherbergt, um hier sein Kunststudium aufzunehmen. Der Weg hierher war nicht leicht, aber von Anfang an hat Macke immer nur seine Kunst im Kopf gehabt. Gegen den Wunsch des Vaters hat er mit gerade 17 Jahren die Schule abgebrochen, nur ein Jahr vor dem Abitur. Bevor dieser sein Einverständnis zu einem Akademiestudium gibt, müssen jedoch mehrere Fachleute befragt werden, darunter bedeutende Persönlichkeiten wie der Professor für Kunstgeschichte an der Bonner Universität, Paul Clemen, der sich anhand vorgelegter Arbeiten positiv äußert. Auch ein Professor der Düsseldorfer Akademie, der vorab aufgesucht wird, rät zu. Eine weitere Hürde ist die Finanzierung des Studiums. Mackes Familie ist nicht besonders wohlhabend. Der Vater hat in den zurückliegenden Jahren große Summen bei geschäftlichen Unternehmungen verloren. Nun sichert der reiche Vater eines Schulfreundes die finanzielle Unterstützung des Studiums zu. Für Macke beginnt damit ein neues, aufregendes Leben, das ihn dem Künstlerdasein ein ganzes Stück näher bringen soll.

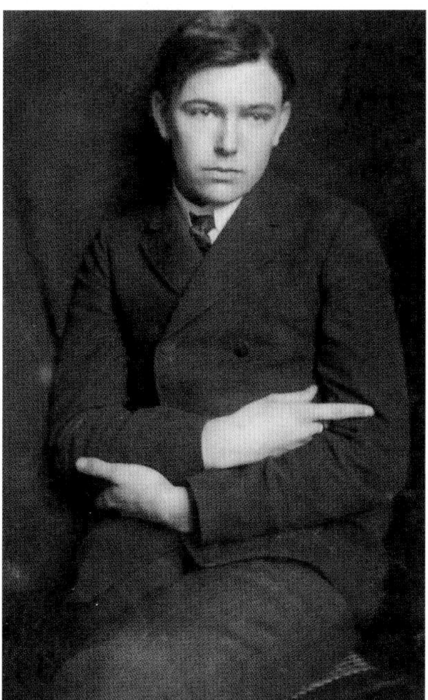

August Macke, um 1905

FAMILIÄRE VORAUSSETZUNGEN

Wie kommt der 17-jährige Schüler überhaupt auf die Idee, Künstler zu werden? Auf den ersten Blick gibt es keine Vorbilder in der Familie. Geboren wird August Robert Ludwig Macke am 3. Januar 1887 in dem kleinen Ort Meschede im Sauerland. Der Vater ist ausgebildeter Tiefbauingenieur und arbeitet dort zusammen mit seinem Partner als selbstständiger Bauunternehmer. Die Mutter stammt von einem großen Bauernhof ganz in der Nähe und hat Geld mit in die Ehe gebracht. Der kleine August ist das Nesthäkchen der Familie, die beiden Schwestern Auguste und Ottilie sind bei seiner Geburt bereits 14 beziehungsweise 12 Jahre alt. Von ihnen sind keine künstlerischen Interessen überliefert. Aber Augusts Großvater unterrichtet als Hauslehrer schon Musik und Zeichnen. In einer Stellenanzeige hebt er gerade diese Fähigkeiten besonders hervor. Und später sorgt er dafür, dass in der Schule, in der er unterrichtet, regemäßiger Zeichenunter-

Familie Macke, um 1900

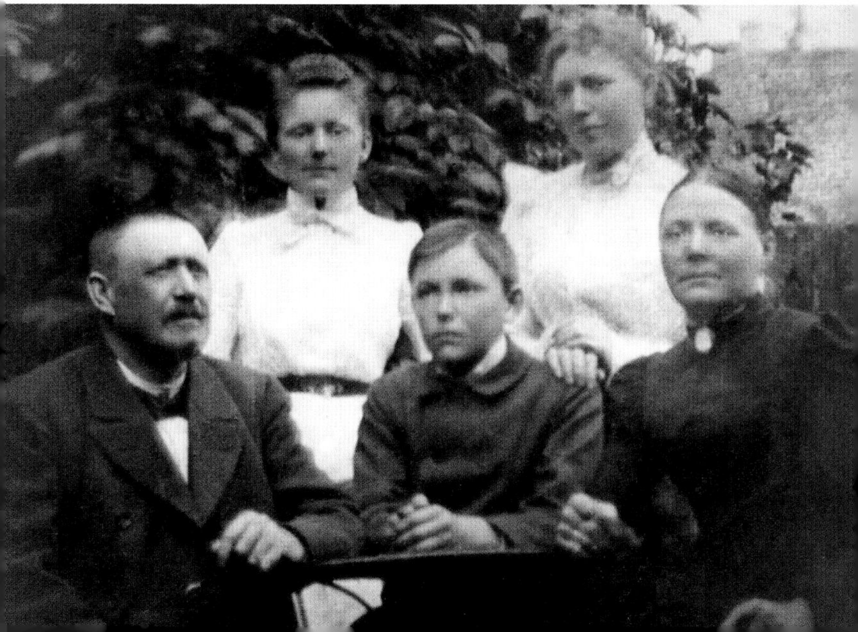

richt eingeführt wird. Als Ingenieur ist auch Mackes Vater mit komplizierten Konstruktionszeichnungen für Brücken, Bahnhöfe, Talsperren und Ähnliches beschäftigt. Doch seine Interessen erstrecken sich auch auf Kunst, und er sammelt illustrierte Bücher und Stiche. An die feierliche Atmosphäre, wenn der Sohn bei besonderen Gelegenheiten diese kleine Sammlung betrachten darf, erinnert dieser sich später immer wieder gerne zurück. So finden sich durchaus Spuren für sein Talent in der väterlichen Familie. Es ist jedoch die Mutter, die ihren Sohn über die gesamte Kindheit in seiner Kreativität immer vorbehaltlos unterstützt und fördert.

August ist anderthalb Jahre alt, als die Familie von Meschede nach Köln zieht, da der Vater in der Großstadt auf bessere Arbeitsmöglichkeiten hofft. Es bricht eine schwierige Zeit für die Familie an. Die Mitgift der Mutter fließt in die Tilgung der Schulden für die kaufmännischen Fehlkalkulationen des Vaters. Und so wächst der kleine August anders als seine Schwestern in eher bescheidenen Verhältnissen in der Brüsseler Straße auf. Heute lebendiger Mittelpunkt im Trendviertel der Innenstadt, liegt diese Straße damals am Stadtrand, mitten im Neubaugebiet, umgeben von dem Brachland der kurz zuvor niedergelegten alten Stadtmauer. Hier findet Macke einen gleichaltrigen Freund, Hans Thuar (1887–1945), der mit ihm die Faszination für alles Künstlerische teilt und mit dem ihn zeitlebens eine enge Freundschaft verbinden wird. Beide spielen die wildesten Spiele auf den umliegenden Baustellen, aber ebenso andächtig betrachten sie die Kunstwerke, die Vater Thuar in seiner Wohnung aufbewahrt, darunter seltene japanische Drucke. Schließlich gibt es noch einen Verwandten der Familie Macke, der als Künstler in Süddeutschland lebt. Als dieser bei einem Besuch in Köln den erst fünfjährigen August zeichnet, ist der schwer beeindruckt.

1900 erfolgt ein weiterer Umzug, es geht nach Bonn, wo die Mutter in dem großen Haus an der Meckenheimer Straße Pensionsgäste aufnimmt und so zum Lebensunterhalt der Familie beitragen kann. Die

Porträt Hans Thuar, 1903,
Mischtechnik, 37,5 x 29 cm

Schule gefällt Macke hier weitaus besser, seine künstlerischen Neigungen werden endlich wertgeschätzt. Der mittlerweile 13-Jährige ist ein nachdenklicher Junge geworden und zeichnet außerordentlich viel. Er ist immer dabei, wenn in der Schule Feste oder Theaterproduktionen geplant werden, und er die Dekorationen entwerfen darf. In Bonn erwirbt er sich bald einen Ruf als junger, genialer Zeichner. Die Darstellung eines Kinderköpfchens wird in der renommierten Bonner Kunsthandlung Cohen zur Ausstellung angenommen, und ein Sammler erwirbt Zeichnungen und Aquarelle des erst 15-jährigen Schülers.

ENTTÄUSCHUNGEN VORPROGRAMMIERT

Macke knüpft hohe Erwartungen an seinen neuen Lebensabschnitt als Kunststudent und erwartet, endlich alles ausdrücken zu können, was er mit seiner Kunst sagen will: Gefühle, innere Stimmungen, Gedanken. Sein Professor ist der Historienmaler mit dem lustigen Namen Adolf Männchen. Aber der Unterricht für die insgesamt 20 Schüler dauert jeden Werktag, und das heißt auch samstags, von 8 bis 17 Uhr und ist straff durchorganisiert. Wie an einer Akademie damals üblich, besteht Lernen dort in erster Linie aus dem Abzeichnen von Abgüssen oder Abdrucken antiker Statuen aus Gips. Der Professor hält

---

Hans Thuar, Mackes bester Freund aus Kindertagen, verliert im Alter von zwölf Jahren beide Beine nach einem schrecklichen Unfall mit der Pferdebahn. Durch seine verständnis- wie zugleich humorvolle und nassforsche Art gibt der junge August dem Freund neuen Lebensmut. Witze, gepaart mit anschaulichen Erzählungen entführen den lange Bettlägerigen in eine Fantasiewelt aus Prärie und Orient, die Macke mit Aquarellfarben am Krankenbett hervorzaubert. Das verbindet für ein ganzes Leben, umso mehr, als der Freund ebenfalls Künstler wird. Und viele Jahre später wird Thuars Tochter Gisela August Mackes Sohn Wolfgang heiraten. Aber das erlebt August Macke nicht mehr.

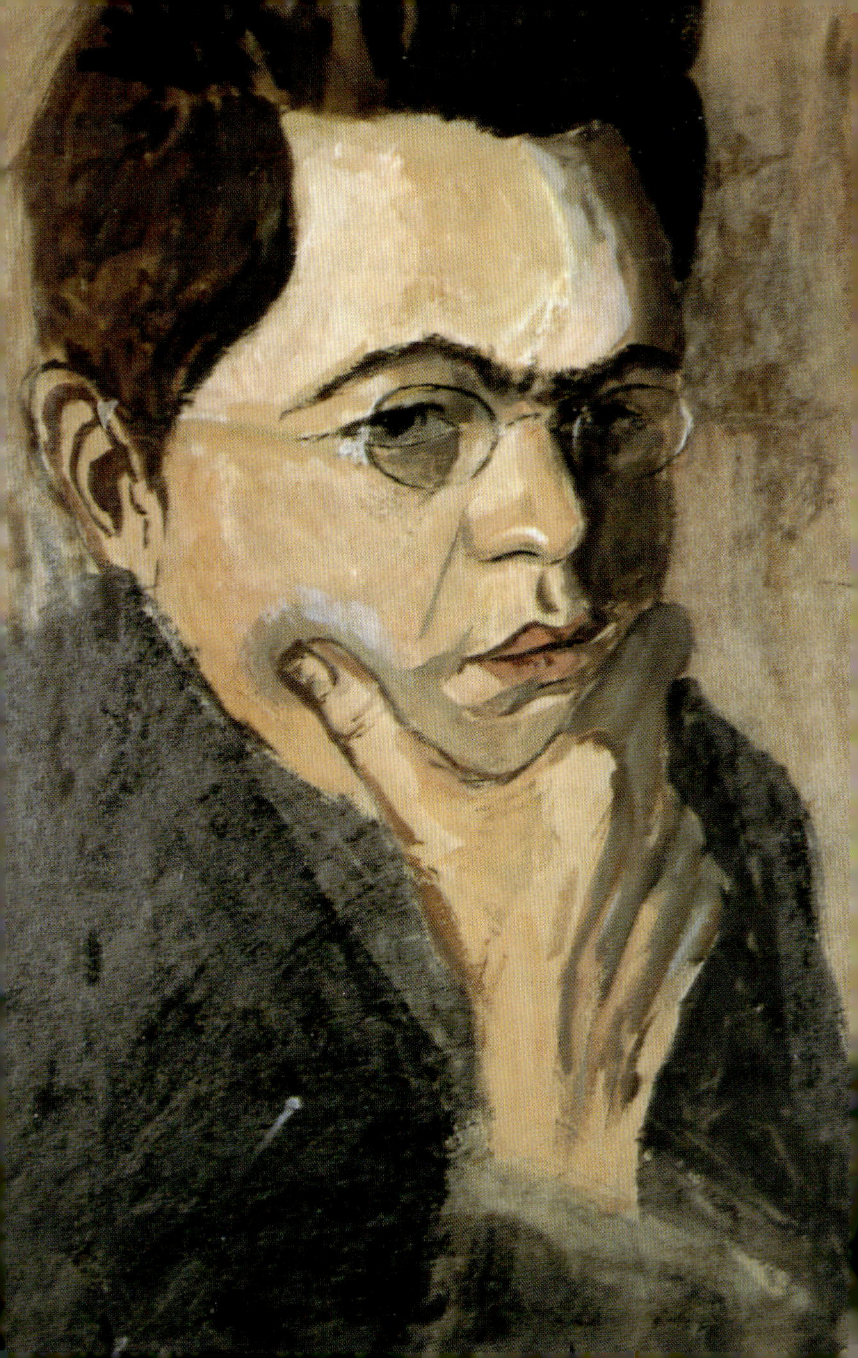

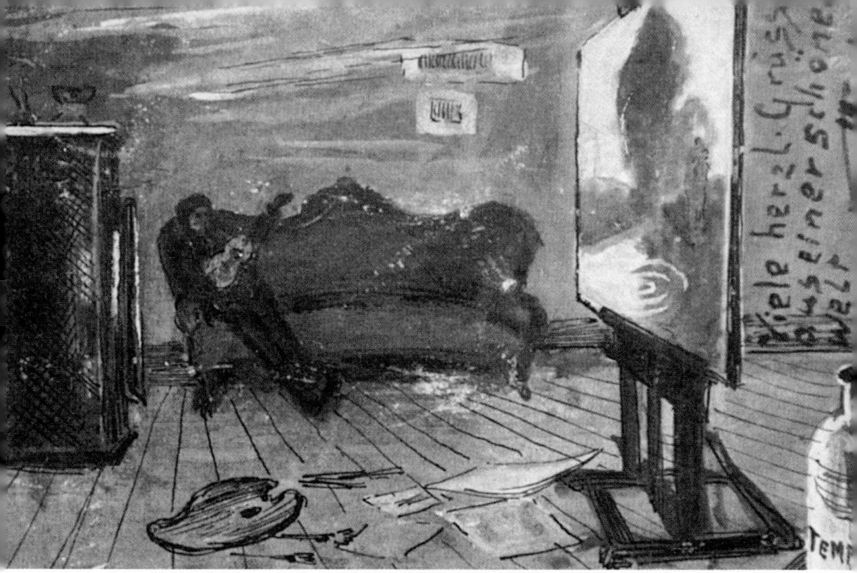

Macke im Atelier, 1905, Postkarte an Elisabeth Gerhardt, Düsseldorf, 28.1.1903

Macke für den begabtesten Schüler, der ihm jemals untergekommen ist. Aber das langweilige Studium, der „Kohlestaub auf Gipsklamotten", wie Macke es selbst formuliert, die verknöcherten Lehrmethoden, ja das ganze veraltete System empfindet der junge Schüler als weltfremd. In dieser Hinsicht unterscheidet sich die Düsseldorfer Einrichtung nicht von ihren Schwesterinstitutionen an anderen Orten in Deutschland. Die **Historienmalerei***, meist großformatige Gemälde mit der Darstellung bedeutender Ereignisse der deutschen Geschichte oder Gegenwart, gilt nach wie vor als das höchste Ziel der akademischen Ausbildung. Wie seit der Epoche der Renaissance seit etwa 500 Jahren üblich, soll das handwerkliche Können den Künstler

---

* **HISTORIENMALEREI** *Innerhalb der Gattungshierarchie an den Kunstakademien nahm die Historienmalerei mit ihren religiösen, mythologischen, geschichtlichen und literarischen Inhalten den ersten Platz in der offiziellen Wertschätzung ein. In meist theatralischer und detailgenauer Malweise glorifizierten die Künstler die Ereignisse der eigenen Geschichte.*

Sehen wir uns einmal die Lehranstalten an, die der junge Künstler mit seiner schönsten Sehnsucht betritt. [...] Langsam zirkuliert der Kohlestaub durch das große, von außen ganz manierlich aussehende Gebäude und legt sich auf Gipsklamotten und auf die Rahmen französischer Historienbildchen [...]. Wer die Freiheit liebt und Mittel hat, entflieht.

August Macke in *Im Kampf um die Kunst*, 1911

befähigen, einerseits ein möglichst exaktes Abbild zu schaffen, andererseits dieses idealistisch zu überhöhen und in der Wirklichkeit vorhandene Makel auszublenden.

Ganz nach Lehrplan wird Macke nach drei Semestern in die sogenannte Naturklasse der Akademie versetzt. Das bedeutet, dass Aktzeichnen auf dem Programm steht, ein zweiter wichtiger Pfeiler der künstlerischen Ausbildung. An den gestellten Posen der Modelle sollen den Schülern die Proportionen des menschlichen Körpers sowie die Modellierung von Licht und Schatten vermittelt werden. Das ist in Mackes Augen endlich wertvolles technisches Rüstzeug. Von Ölfarben jedoch keine Spur, es wird weiterhin nur mit Kohle und Bleistiften gearbeitet, mit Weißhöhungen, Schraffuren, aber ohne den Einsatz von Farbe. Macke wird immer unzufriedener. Alles dauert ihm zu lange und bringt ihn seinen künstlerischen Vorstellungen nicht näher.

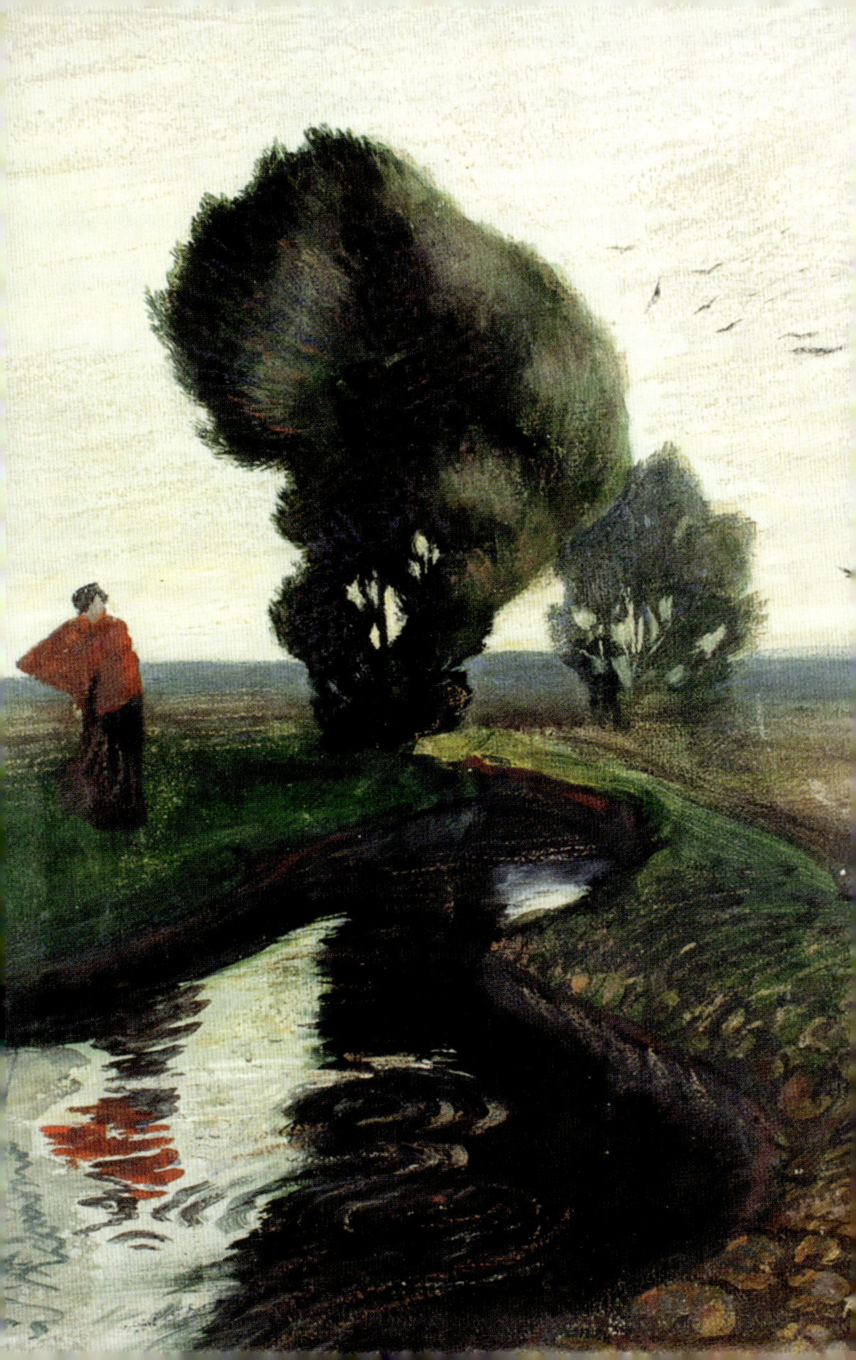

Neuorientierung

NATUR ALS LEHRMEISTERIN

Macke sucht sich Wege abseits des offiziellen Unterrichts, um nicht zu verzweifeln. Er blättert in den Kunstzeitschriften, um sich weiterzubilden, und er liest, was ihm in die Hände kommt, Literatur ebenso wie philosophische Schriften etwa von Schopenhauer und Nietzsche. Vor allem aber experimentiert er unermüdlich in seinem eigenen Atelier, das er sich zusammen mit einem Klassenkameraden in Düsseldorf mietet. Dort arbeitet er mit den Öl- und Temperafarben, die er sich schon während seiner Schulzeit zugelegt hat. Außerdem zeichnet er direkt nach der Natur. „Fast immer habe ich auf der Straße das Skizzenbuch zur Hand", schreibt er an die Mutter, „um Bewegungen von Menschen und Tieren allmählich voll beherrschen zu lernen, denn das lehrt einen kein Professor, und es ist das Wichtigste, was es gibt." Es geht ihm allerdings nicht darum, jedes Detail in seinen Bildern festzuhalten. Wie in den frühen Landschaftsbildern ersichtlich, ist die Natur für Macke Stimmungs- und Bedeutungsträger für seine ganz persönlichen vor dem Motiv erfahrenen Empfindungen, dem **Symbolismus*** verwandt. Die Gestalt eines Baumes, die Bewegung der Wellen im Wasser und die Formen der Steine fasst er deshalb so zusammen, dass sie seine Gefühle im Bild zum Ausdruck bringen; die verhaltenen Farbzusammenstellungen und die dekorativ geschwungenen Linien der Gegenstandsformen unterstreichen die romantische Stimmung.

> **Kunst ist nicht Natur. Stil ist Notwendigkeit.**
>
> August Macke, 1906

---

* **SYMBOLISMUS** *Bezeichnung für eine Richtung, die gegen Ende des 19. Jahrhunderts zunächst in Frankreich in der Literatur auftrat, dann auch in der Malerei. Die Symbolisten wandten sich gegen das Abbilden der Realität, und drückten ihr Anliegen beziehungsweise ihre Gedanken durch Symbole aus.*

Herbst, 1905, Tempera, Öl auf Holz, 44 x 31 cm

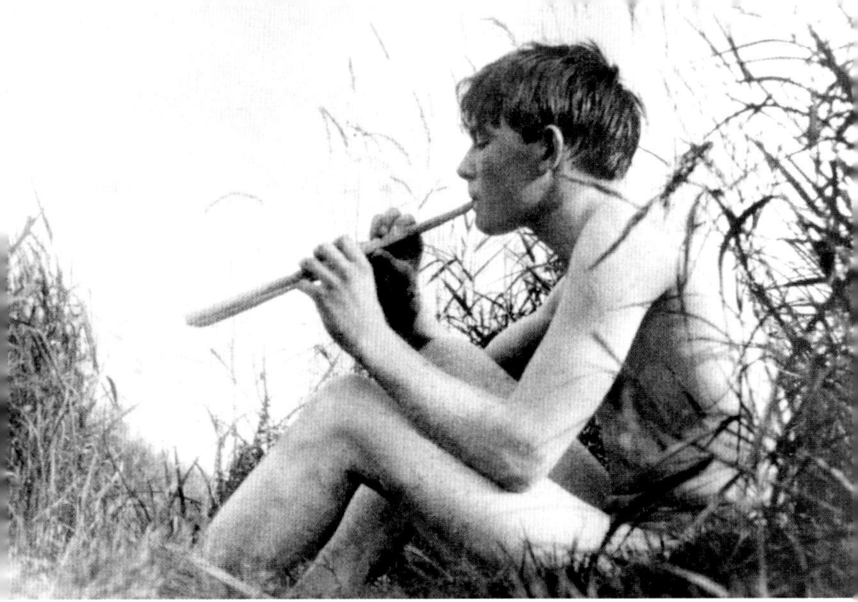

August Macke mit der Panflöte, um 1903/04

In diesem tiefen Einfühlen in die Natur ist Macke beeinflusst von den geistigen Strömungen seiner Zeit. Die Jugendbewegung, die gerade erst so richtig Fahrt aufnimmt, propagiert zu Beginn des 20. Jahrhunderts die Abwendung von der technisch-industriellen Welt der Stadt zugunsten eines naturnahen Lebens. Parallelen zu Mackes künstlerischen Ideen sind offensichtlich. Sein erstes großes künstlerisches Vorbild ist der Schweizer Maler Arnold Böcklin, der genau diese vergeistigte Naturmalerei verfolgt, angereichert mit antiken Symbolen sowie Anspielungen auf die **Mythologie***. Heute nur für den Kenner zu entschlüsseln, ist deren Bedeutung noch zu Mackes Zeit im Bürgertum allgemein bekannt. Bis 1907 bestimmt diese, wie er es selbst

---

* **MYTHOLOGIE** *Antike Götter und Helden vor allem aus der griechischen und lateinischen Sagenwelt bildeten über Jahrhunderte den wichtigsten Themenkanon der Kunst. Auftraggeber, Fürsten und Regenten kleideten sich zur Aufwertung der eigenen Person gerne in antike Rollenbilder.*

nennt, „Gedankenmalerei" seine Kunstauffassung. In dieser Kunstsprache findet Macke zunächst die Antwort darauf, wie Stimmungen und Vorstellungen ausgedrückt werden können. Trotzdem ist er sich bewusst, dass er erst am Anfang seiner Entwicklung steht und weiter an sich arbeiten muss.

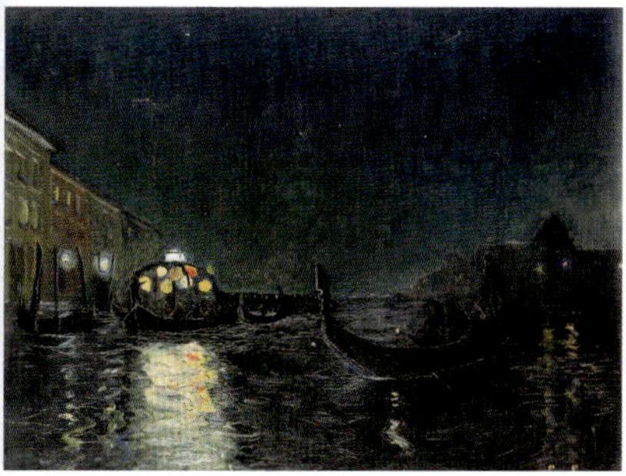

Venedig, 1905, Öl auf Leinwand, 38 x 51 cm

Seit Jahrhunderten dient Reisen der Bildung und Inspiration. Der Künstler reiste im Mittelalter als Handwerksgeselle, später im Gefolge von Kaufleuten, Wissenschaftlern oder als Diplomat im Dienst der Fürstenhöfe. Im 19. Jahrhundert bildet die „Grand Tour" zu den Sehenswürdigkeiten Italiens noch immer die Initiation zum eigentlichen Künstlerdasein, und um die Jahrhundertwende wird Paris zum Mekka für alle modernen Künstler. Macke betrachtet das Reisen als Erweiterung seines Horizonts im klassischen Sinne: Italien, die Schweiz, Holland, Belgien, London, später Paris und Tunesien sind genauso Ziele wie Ausstellungen und Museen im Inland. Es sind die Reisen, die ihn in unterschiedlichen künstlerischen Werkphasen Bestätigung, Anregung und Inspiration finden lassen und die er als unmittelbaren Bestandteil der künstlerischen Bildung betrachtet. Neue Sinneseindrücke und Naturerfahrungen bereichern zudem sein motivisches Repertoire.

KUNSTGEWERBESCHULE

Da Natur und Leben im Lehrplan der Kunstakademie keine Berücksichtigung finden und ihm der Unterricht dort staubtrocken erscheint, belegt Macke neben seinem Akademiestudium Abendkurse an der Düsseldorfer Kunstgewerbeschule. Dieser gegen Ende des 19. Jahrhunderts überall in Deutschland entstehende Schultypus ist der Vorreiter einen neuen Kunstpädagogik: Der schöpferische Umgang des

Künstlerausbildung

Vom 17. Jahrhundert an bis heute findet die offizielle Künstlerausbildung an speziellen Akademien statt. Seit deren Gründung in Paris und Italien waren sie meist eng an die jeweiligen Höfe und Fürstenresidenzen angeschlossen, deren Ruhm der junge Nachwuchs und die erfahrenen Professoren mehren sollten. Die Zulassung zum Studium erfolgte nach Vorlage einer vielversprechenden Studienmappe. Frauen war das Studium in der Regel bis 1919 verwehrt.

Während heutige Akademien ein breites Anforderungsprofil bieten, folgte das Studienprogramm bis ins 20. Jahrhundert einem strengen Kanon, der vor allem auf die Nachahmung von Natur, das Studium von Perspektive, Proportion und Anatomie sowie das Beherrschen der Zeichnung zielte. Der Historienmalerei kam dabei der höchste Rang unter den Fächern zu. Die wichtigste Grundlage war das Kopieren antiker Statuen, meist in Form von Gipsabgüssen, und alter Meister.

Wassily Kandinsky (rechts) mit seiner Malklasse in Kochel, 1902

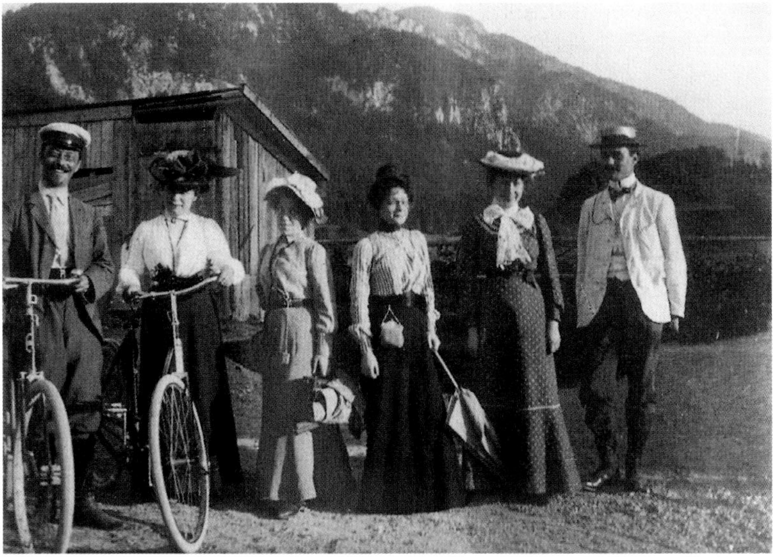

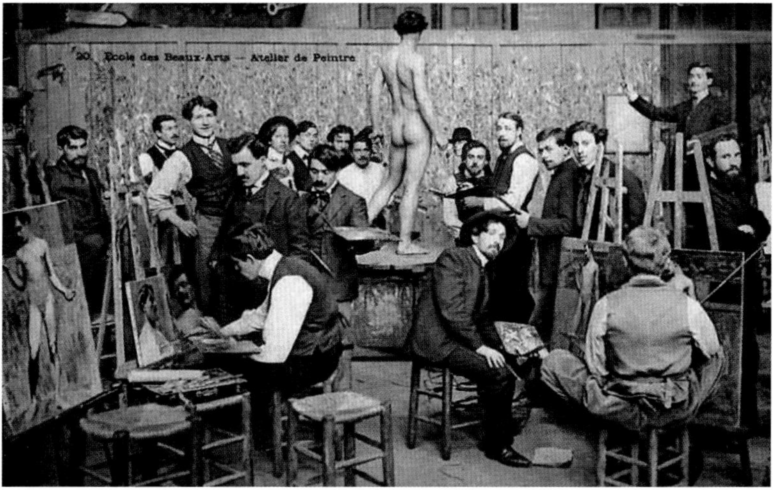

Kunststudenten beim Aktmalen an der École des Beaux-Arts, Paris, spätes 19. Jahrhundert

Das Konzept der nach französischem Vorbild gegründeten deutschen Akademien – die Düsseldorfer Akademie, an der August Macke lernte, gehörte im 19. Jahrhundert zu den angesehensten Hochschulen des jungen Deutschen Reiches – fasste den Lehrbetrieb als sozial eng vernetzte, hierarchisch gegliederte Künstlergemeinschaft aus Direktor, Professoren und Hilfslehrern, Meisterschülern und Anfängern auf. Stipendien, Preise und Ausstellungsmöglichkeiten in den Salons belohnten diejenigen, die den offiziellen Anforderungen entsprachen.

Im 19. Jahrhundert entwickelten sich die neu gegründeten Kunstgewerbeschulen zu Reformschulen, an denen auch unmittelbar nach der Natur gearbeitet und Individualität stärker zugelassen wurde. Deshalb gesellten sich zu den jungen Kunsthandwerkern auch viele junge Künstler. Zudem ermöglichten die Textilklassen um 1900 auch Frauen eine künstlerisch gestaltende Ausbildung.

Zahlreiche Privatschulen, häufig geleitet von ehemaligen Akademieschülern, ergänzten das Ausbildungsangebot. Studenten bereiteten sich hier auf ihre Aufnahmeprüfung vor oder wählten sie als bewusste Alternative zu den konservativen Akademien. Und für Frauen waren die dortigen Damenklassen häufig die einzige Möglichkeit einer soliden Vorbereitung auf das Leben als Künstlerin.

Lernenden mit dem Studienmaterial wird gefördert wie gefordert. Dort, wo die zukünftigen Kunsthandwerker ihre Ausbildung absolvieren, lernt Macke, wie man die Naturformen stark vereinfacht, stilisiert, um sie später als Dekoration etwa für Möbel oder andere Objekte verwenden zu können. Die Natur anzuschauen, ihre Erscheinungswelt zusammenzufassen und damit zu abstrahieren, ist Teil der Lehre, ebenso die Durchführung von Bewegungsstudien. Anders als an der Akademie, wo Modelle über lange Zeiträume in Posen verharren oder Statuen das zu kopierende Anschauungsmaterial bilden, soll hier der Schüler Tiere und Menschen in ihrem natürlichen Umfeld erfassen. Es ist eine moderne, geradezu fortschrittliche Lehranstalt, wo alte Formen nicht kopiert, sondern neue Formen erfunden werden. Verantwortlich dafür ist der berühmte Vertreter des **Jugendstils** *, der Künstler und Architekt Peter Behrens, der als Direktor der Schule auch andere moderne Künstler als Lehrer verpflichtet. Angesichts dieser Bestrebungen erscheint Macke das Lehrsystem der Akademien ganz besonders rückwärtsgewandt und verkrustet. Andererseits sieht er sich auch nicht als Kunsthandwerker.

THEATERWELT

Der Dichter und Dramatiker Wilhelm Schmidtbonn (1876–1952), mit dem Macke in Düsseldorf seit Kurzem eine enge Freundschaft verbindet, erteilt ihm in dieser Zeit erste kleine Aufträge für kunsthandwerkliche Arbeiten, wie etwa die Gestaltung eines Bucheinbandes für seinen Roman *Der Heilsbringer*. Außerdem eröffnet er ihm durch seine Kontakte zum Düsseldorfer Schauspielhaus eine neue Welt. Das

---

* **JUGENDSTIL** *Um 1900 entsteht diese nach der Münchener Zeitschrift* Jugend *benannte Kunstrichtung als Reaktion auf die damals vorherrschende Nachahmung historischer Stile (Historismus) vor allem im Bereich des Kunstgewerbes und der Architektur. Pflanzliche Formen sind ein besonderes Kennzeichen, ebenso die Gestaltung der gesamten Lebenswelt.*

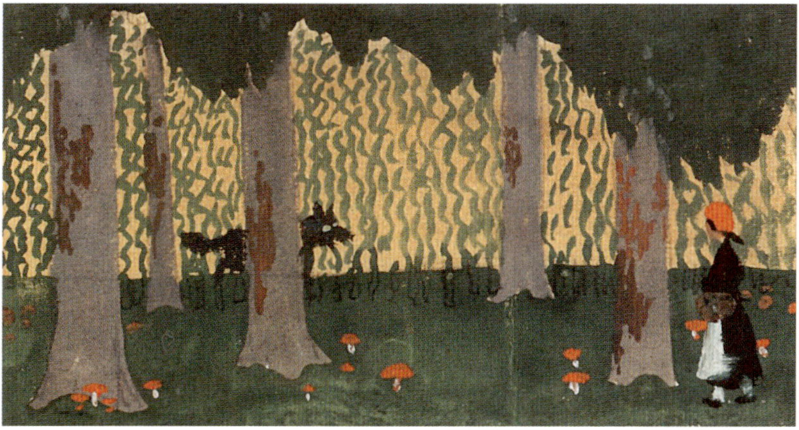

Dekorationsentwurf zum Märchenstück *Rotkäppchen*, 1906,
Gouache, Bleistift auf Papier, 10,2 x 18,5 cm

gerade erst gegründete Theater ist auf dem Weg, sich durch Auswahl der Stücke und Aufführungspraxis zu einer anerkannten Reformbühne zu entwickeln. Die Begründer Louise Dumont und Gustav Lindemann verfolgen dabei ein ganz neues Konzept: Sie lassen Dichter ihre eigenen Theaterstücke inszenieren, veranstalten Matineen mit Dichterlesungen und geben eine Theaterzeitschrift mit dem Titel *Masken* heraus, in der das Publikum unterschiedliche Informationen aus der Welt des Theaters erhält.

In diese Neuausrichtung des Theaters bringt sich Macke entscheidend ein. In den Jahren 1905 und 1906 entwirft er Bühnenbilder und Kostüme für verschiedene Inszenierungen, eine ungeheure Bestätigung für den jungen Akademiestudenten, hier eigenverantwortlich als Entwerfer tätig sein zu können. Schon als Schüler war Macke als Statist in einer Schiller-Aufführung in Bonn aufgetreten. Die Eltern haben es damals „nicht wissen dürfen", wie er 1903 an Hans Thuar nach Köln schreibt. Als er nun mit den Aufgaben am Theater betraut wird, kommen ihm Ideen für ganz neue künstlerische Ansätze. Die damals üblichen, pompösen, dekorativ überfrachteten und naturalistisch gestalteten Bühnenwelten will er vollständig hinter sich lassen: „Ich würde Stimmungen durch Vorhänge und Farben allein machen, ohne Nachahmung der Natur", formuliert er seine ziemlich revolutionären Vorstellungen. In dem Selbstporträt, das er in dieser Zeit malt, blickt uns ein ausgesprochen gut aussehender, dunkelhaariger Mann in bürgerlicher Kleidung entgegen. In der noblen Farbigkeit des dunkelroten, stofflichen Hintergrundes und mit seiner feierlichen Atmosphäre klingt die Welt des Theaters an. Es ist eines der wenigen Bilder, die sich aus Mackes Studienzeit an der Akademie erhalten haben, und er schaut mit einem ernsten, aber gleichzeitig sehr selbstbewussten Blick unmittelbar den Betrachter an.

Alle bisher eingeschlagenen Wege empfindet Macke als Sackgasse. Er hängt seine Ausbildung in der Akademie an den Nagel und schlägt auch die ihm angebotene feste Stelle als Bühnenbildner aus, wozu recht viel Mut und Selbstüberzeugung gehört. Er will frei sein von den äußeren Zwängen und seinen eigenen Weg als freier Künstler gehen. Innerhalb kurzer Zeit verstößt er mit dieser Entscheidung nun zum zweiten Mal gegen die bürgerlichen Konventionen. Es ist ein Tabubruch, aber nicht als Provokation, sondern aus tiefstem Bedürfnis heraus. Sein Vater muss das nicht mehr erleben, er ist 1904 verstorben. Wahrscheinlich hätte er den Entschluss seines Sohnes weder verstanden noch gutgeheißen. Was seine Mutter dazu denkt oder auch der Finanzier seines Studiums, wir wissen es nicht. Macke aber triumphiert: „Ich bin jetzt frei."

Selbstporträt, 1906,
Öl auf Leinwand, 54,2 x 35,4 cm

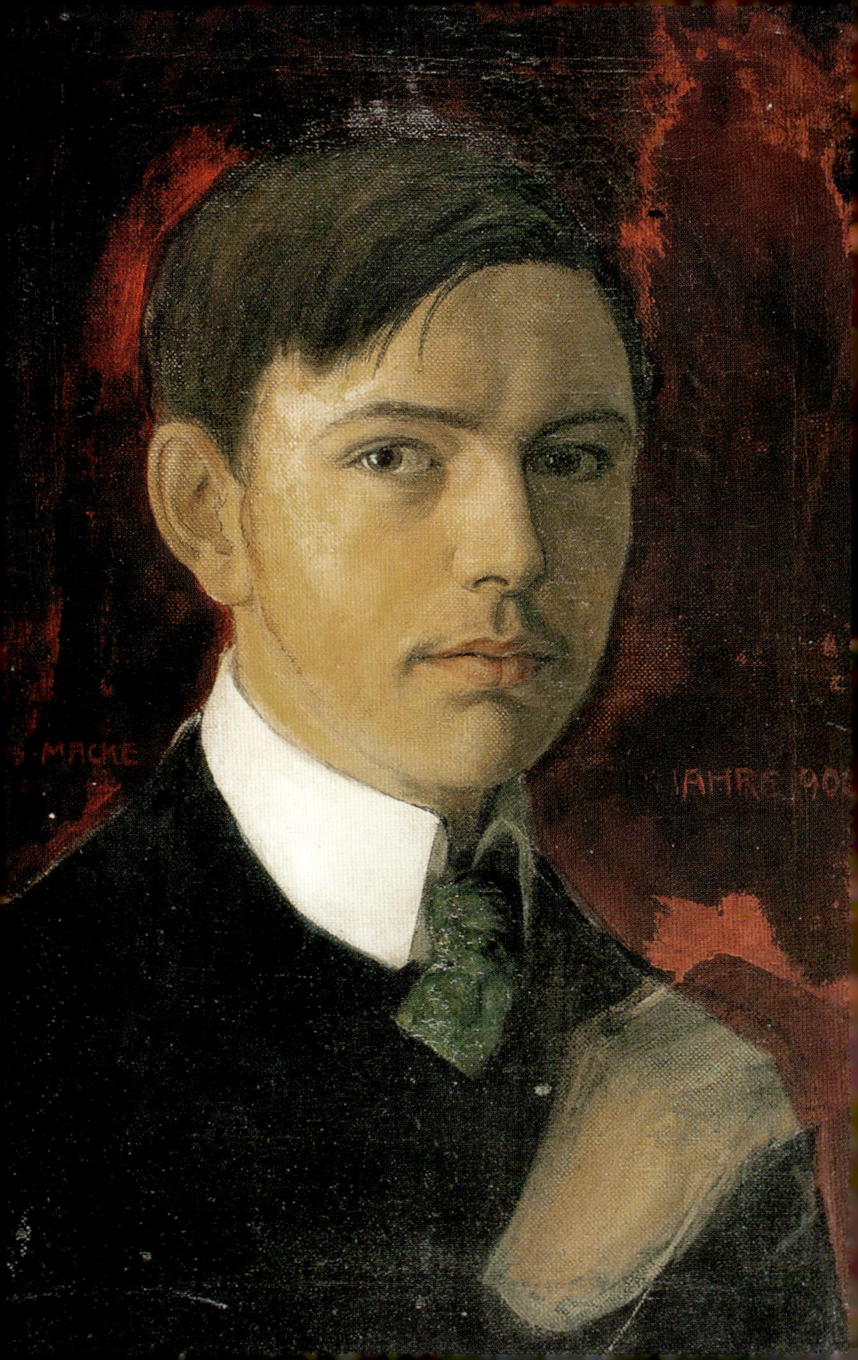
MACKE
IAHRE 190

Den Impressionismus entdeckt

IN FAMILIÄRER IDYLLE

Aber wo kann Macke ungestört arbeiten, seitdem er Ende 1906 das Atelier in Düsseldorf aufgegeben hat? Nicht in der Enge der Bonner Wohnung, wo die Mutter die Pensionsgäste betreut und den Geruch von Farben und Terpentin eher als störend empfunden haben wird. Die älteste Schwester, Auguste, im kleinen Schwarzwaldörtchen Kandern mit dem Wirt des Gasthofs Krone verheiratet, bietet Asyl. Hier findet er eine Rückzugsmöglichkeit, auch über viele Wochen hinweg, genießt die schwesterliche Fürsorge und zugleich Ruhe, Muße sowie Zeit zum ungestörten Experimentieren.

Baum im Kornfeld, 1907,
Öl, Bleistift auf Karton, 30 x 35,8 cm

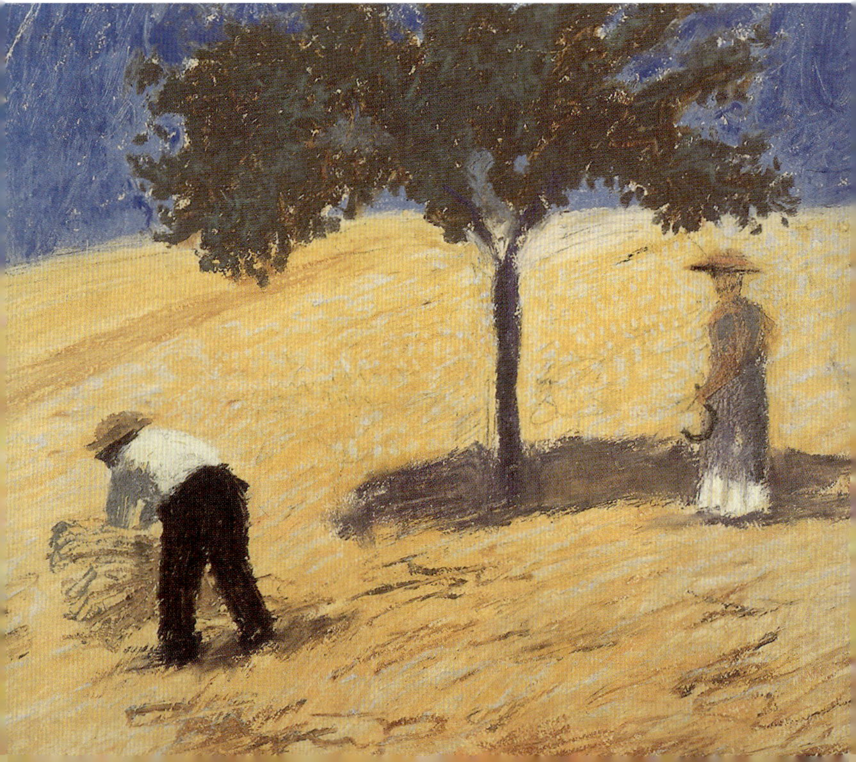

Er stromert durch die Landschaft und hält seine Eindrücke von der bäuerlichen Arbeit im Dorf in farbigen Pastellbildern fest. Außerdem ist die Schwester vom künstlerischen Talent ihres Bruders so überzeugt, dass sie ihn mit der Ausgestaltung des Garderobenraums und Theatersaals des Gasthofs beauftragt. Eine große Herausforderung und ein riesiges Unterfangen für den jungen Künstler, weshalb sein Studienfreund Claus Cito extra aus Düsseldorf zur Unterstützung anreist. Macke entwirft ein gesamtkünstlerisches Raum- und Farbkonzept und bemalt Holzpaneele. Dörfliche Szenen mit Tieren sind ebenso zu finden wie Figuren aus der Theaterwelt. Doch die stark überzeichneten Gestalten, etwa der Don Giovanni aus Mozarts gleichnamiger Oper oder der Mephisto aus Goethes berühmtem Faust, finden keinen Anklang. Vermutlich stößt sich das Publikum an dem modernen Konzept und der skizzenhaften Ausführung. Oder entsprechen die karikaturartigen, fast lebensgroßen Figuren nicht den Vorstellungen der Schwarzwaldbauern? Jedenfalls werden die Tafeln schon kurz nach der Fertigstellung abgenommen oder überstrichen. Was für eine Enttäuschung! Die meisten Arbeiten sind heute verloren. Nur einige kleinere Tafeln sind außer dem großen Paneel erhalten, weil sie über viele Jahre auf dem Speicher als Regalbretter zur Lagerung von Äpfeln genutzt wurden.

INSPIRATION KUNSTMUSEUM BASEL

Keine 20 Kilometer von Kandern entfernt liegt die alte Schweizer Stadt Basel. Da sie mit dem Zug bequem zu erreichen ist, nutzt Macke während seiner wochenlangen Besuche bei der Schwester immer wieder die Gelegenheit zu Tagestouren, auf denen er unter anderem Mal- und Zeichenmaterial erwirbt. Vor allem aber fasziniert ihn das Kunstmuseum Basel, damals in der Augustinergasse mitten in der idyllischen Altstadt gelegen, das ihm immer wieder neue Anregungen bietet. Anfangs begeistern ihn noch die gedankenschweren Bilder des Schweizer Malers Arnold Böcklin. Doch 1907 ändert sich alles, als er dort eines Tages Fotografien von Gemälden französischer Impressionisten sieht. Obwohl es sich lediglich um Schwarz-Weiß-

Abzüge handelt – Farbfotos sind zu dieser Zeit noch aufwendig herzustellen, extrem teuer und daher Raritäten –, eröffnen, sie ihm eine neue Welt. Was ist es, dass ihn so aufwühlt und er mehr über diese französische Stilrichtung wissen möchte? Es ist wohl die Hinwendung zur eigenen Lebenswirklichkeit, die in diesen Bildern anschaulich wird: flanierende Menschen auf Großstadtstraßen, beim Picknick im Grünen, im Caféhaus, beim Tanzen oder in der Oper. Alles das wiedergegeben in einer atmosphärischen Stimmungsmalerei, die nur einen flüchtigen Moment einfängt und festhält. Erst jetzt versteht Macke, der schon zuvor vereinzelt impressionistische Bilder auf Ausstellungen in Düsseldorf gesehen hat, die ganze Tragweite und Modernität dieser Kunstrichtung. Er spürt, dass diese Bewegung, die in Frankreich schon in den 1870er-Jahren in Abgrenzung zur traditionellen Salon- und Akademiemalerei entstand, auch ihm den Weg in eine neue künstlerische Welt weist.

So vertieft er sich in die aktuellen Kunstzeitschriften und erwirbt in den nächsten Wochen zahlreiche Bücher des Kunstschriftstellers Julius Meier-Graefe. Dieser ist in Deutschland Anfang des 20. Jahrhunderts beinahe der Einzige, der sich mit dem Impressionismus intensiv auseinandersetzt und ihn als Basis für eine neue Ästhetik der eigenen Zeit interpretiert. Seine aus drei dicken Bänden bestehende *Entwicklungsgeschichte der modernen Malerei*, 1903 erschienen, wird Macke zur Bibel. Hier findet er Erklärungen, aber auch zahlreiche Abbildungen, allerdings wieder nur in Schwarz-Weiß. Mackes Malerei verändert sich trotzdem radikal. Ganz banale Dinge des Alltags werden nun für bildwürdig erachtet, wie zum Beispiel ein Spargelbund, das er in einem Ölgemälde festhält. Damit entfernt er sich meilenweit von den bedeutungsschwangeren Gemälden, die die Akademien und offiziellen Kunstausstellungen im Repertoire haben. Er orientiert sich an einem Gemälde Manets, das ebenfalls als Abbildung in Meier-Graefes Buch zu finden ist. Noch braucht er diese unmittelbare Anregung, um die neue Kunstrichtung ganz zu verstehen und muss sich erst vorsichtig an die neue Bildsprache herantasten.

Bühnenszenen, Karikaturen, 1907, Paneel der ursprünglichen Holzverkleidung des Garderobenraumes zum Theatersaal im ehemaligen Gasthof Krone, Kandern, Öl auf Holz, 206 x 180 cm

Um die Bilder der Impressionisten im Original sehen zu können, bricht Macke 1907 von Kandern aus zu seiner ersten Parisreise auf – eine Offenbarung! Paris ist das Mekka für moderne Kunst, hier löst ein neuer Kunststil den vorherigen ab. Viele junge Künstler wenden sich vom klassischen Reiseland Italien ab, um hier neue Eindrücke zu erhalten. Aber wo genau finden sich die? In den Pariser Museen jedenfalls nicht. Der französische Staat hat noch kurz vor der Jahrhundertwende die Schenkung eines großen Konvoluts impressionistischer Werke zu verhindern versucht, weil ihm die Arbeiten auch 30 Jahre nach Entstehung dieser Kunstbewegung als zu modern erscheinen. Heute sind sie Mittelpunkt des berühmten Musée d'Orsay. Macke sucht die einschlägigen Galerien und Privatsammlungen auf, die fast alle in der Rue Lafitte in unmittelbarer Nähe zueinander versammelt sind. Hier sieht er die Bilder der modernen Franzosen, von Manet, Monet, Cézanne und ihren Kollegen, in den Kunsthandlungen etwa von Ambroise Vollard und Bernheim-Jeune. Zusammen mit dem Galeristen Paul Durand-Ruel setzen sich diese Galerien für den **Impressionismus*** ein, hier bekommt man die neuesten Bilder zu sehen. Als Macke zum dritten Mal die Galerie Durand-Ruel aufsucht, erhält er eine Visitenkarte, die es ihm erlaubt, die erlesene Privatsammlung des Galeristen anzuschauen, die „modernste Sammlung der Welt", wie er begeistert nach Bonn schreibt. Vor allem aber taucht er in das aufregende Leben der Großstadt ein, bewegt sich auf den Straßen, in den Parks und sucht die legendären Cafés auf. Das

---

* **IMPRESSIONISMUS** *Die Stilrichtung des Impressionismus, die um 1870 in Frankreich entsteht, ist die erste, die nicht nur den Erscheinungen des Lichts, sondern gleichzeitig der subjektiven Wahrnehmung der Dinge Rechnung trägt. In Abwendung von der akademischen Kunstauffassung, die das objektive oder geschönte Abbild der Natur fordert, stellen die Impressionisten mit neuen malerischen Mitteln das Augenblickhafte und Momentane der Kunst dar.*

Quirlige, das Schnelle, die Dynamik der Metropole fängt er in seinen Farbzeichnungen ein und richtet sein neues Denken damit an den Forderungen der Impressionisten und ihrer Befürworter aus, das moderne, das eigene und somit das zeitgenössische Leben darzustellen und das Atelier sozusagen nach draußen zu verlegen.

ALLTAG IM FLIRRENDEN LICHT

Zurück in Bonn bietet auch das nahe gelegene Museum Folkwang in Hagen, das dem Privatmann Karl Ernst Osthaus gehört, Anregungen. In einem Jugendstilgebäude des Belgiers Henry van de Velde kombiniert dieser Wegbereiter des Modernen mit Mut und Weitsicht auf damals unerhört radikale Weise zeitgenössische Kunst, darunter französischen Impressionismus, mit kunsthandwerklichen Objekten aus aller Welt. Wie gut, dass Osthaus sein eigener Herr ist und nicht von den Politikern abhängig, die überall sonst, zum Beispiel im städtischen Kaiser Wilhelm Museum in Krefeld, ein solch modernes Programm zu verhindern trachten.

Die Erfindung der Fotografie hatte der Malerei als Medium des exakten Abbildens schon Ende des 19. Jahrhunderts den Rang abgelaufen. 1840 brachte die Londoner Firma Robertson die noch heute übliche Zink-

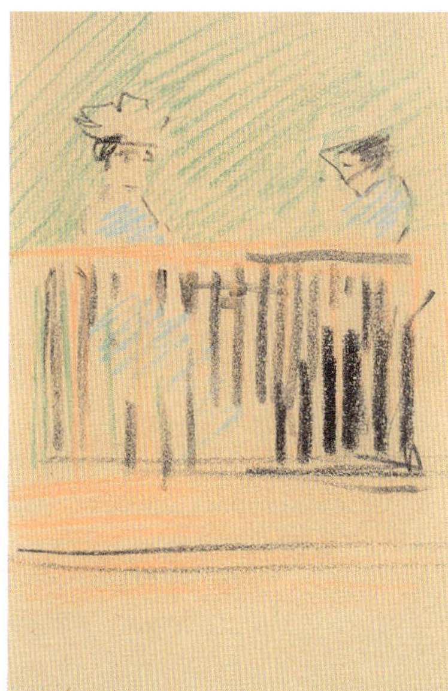

Zwei Frauen im Café III,
1907, Farbkreide, Kreide, 14 x 8,5 cm

Alles klappt jetzt zu einer wundervollen Harmonie zusammen. Eins greift ins andere.

August Macke, 1907

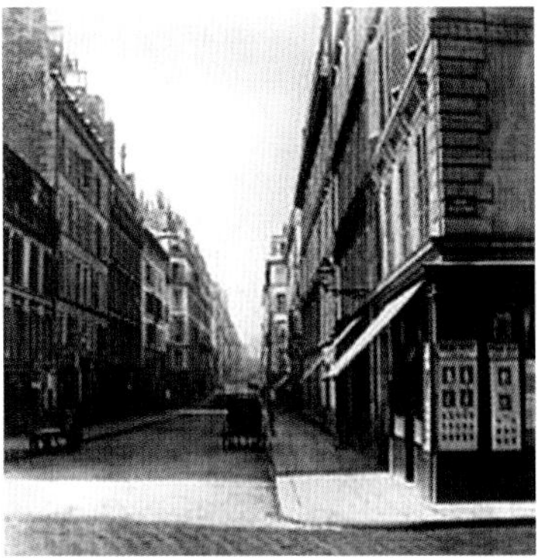

Rue Lafitte in Paris, Postkarte, Detail

tube auf den Markt, die eine einfache Mitnahme der Ölfarben ermöglichte. Kurze Zeit später folgte Winsor & Newton. Um 1850 konnte man eine solche Farbtube bei einem Pariser Farbenhändler für 10 Centimes erwerben. Die Arbeitsprozesse wurden leichter aber auch die Herstellungskosten für ein Gemälde sanken beträchtlich. Die Erfindung der Tube war letztendlich verantwortlich für den Boom der Freilichtmalerei. Die Maler ziehen nach draußen, um mit Ölfarben und nicht nur mit Stiften oder Aquarellfarben in der Natur zu malen. Auch Mackes Bildern sieht man jetzt an, dass sie nicht mehr im Atelier entstanden sind, sondern dort, wo sich sein Motiv befindet. Wie soll sonst ein Landschaftsbild lebendig wirken, wie der Künstler das Licht eines Sommertages einfangen? Hier in der Natur hat er das Licht sozusagen direkt im Auge.

An der japanischen Kunst, die seit Ende des 19. Jahrhunderts groß in Mode ist und schon die französischen Impressionisten faszinierte, begeistert ihn der für das westliche Auge ungewöhnliche Blickwinkel. Er lernt, neu zu sehen, und erkennt die Bedeutung der Linie, die bildgestaltend Gegenstände in der Fläche zusammenziehen kann, die tiefenräumliche Perspektive ablöst und die Komposition so ausdrucksvoll vereinfacht, dass es im zeitgenössischen Betrachter große Irritationen auslöst. Macke verzichtet nun ebenfalls auf die plastische Modellierung seiner Figuren und Objekte. Weitere Erkenntnisse liefern Farbtheorien des 19. Jahrhunderts und ihre Fortentwicklung

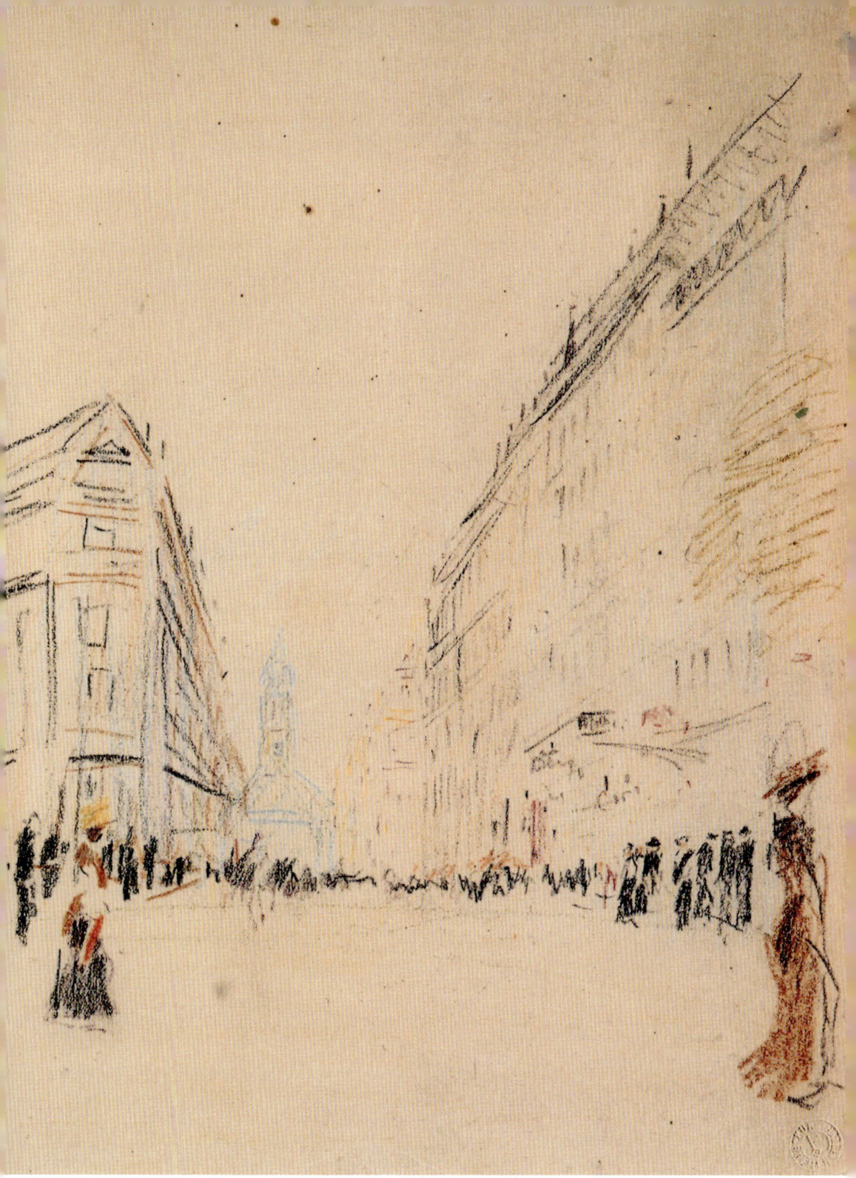

Straßenbild aus Paris, 1907, Farbkreide auf Skizzenbuchblatt, 31,3 x 23,9 cm

bei den französischen Impressionisten. Farbwirkungen gestaltet er nun ganz bewusst nach farbphysiologischen Gesichtspunkten. Ein Rot und ein Grün nebeneinandergesetzt steigern die Farbwirkung, ebenso die Kombination der Komplementärfarben Violett und Gelb, wie in dem Bild *Sonniger Garten* nachzuvollziehen ist. Wie Claude Monet und Camille Pissarro 30 Jahre vor ihm trägt Macke die Farben in einzelnen kleinen Pinselstrichen auf, ungemischt, direkt aus der Tube. Der Gestaltungsprozess selbst, die Arbeit des Künstlers wird für den Betrachter dadurch erfahrbar, und das ist etwas ganz Neues in der Kunst. Die weiß grundierte Leinwand bleibt sichtbar und wird zum Bestandteil der Komposition. Der vollständige Zusammenklang der einzeln gesetzten Pinselstriche ergibt sich allerdings erst mit einem gewissen Abstand zum Bild, wo sich die bunten Striche im Auge des Betrachters zusammenfügen. Das helle Grün und der farbige, violette Schatten mit den gelben Sonnenflecken erwecken den Eindruck eines fröhlichen Sommertages. Von Nahem betrachtet ist jedoch nichts anderes zu erkennen als eine bunte, abstrakte Fläche.

FORTBILDUNG IN BERLIN

Berlin ist nicht nur Hauptstadt des Deutschen Reiches seit seiner Gründung im Jahre 1871, sondern neben München auch die bedeutendste Kunststadt innerhalb der Landesgrenzen. Durch Industrialisierung und Eingemeindungen in wenigen Jahren enorm angewachsen, hat diese Stadt innerhalb Deutschlands einen besonderen Status. Der französische Impressionismus wird hier von mehreren Galerien

---

* **SEZESSION** *Um 1900 spalten sich Künstler von bestehenden, traditionellen Künstlerverbänden ab, um in ihren neuen Gruppierungen, den Sezessionen, moderne Wege der Kunstproduktion und -vermittlung zu beschreiten. Die Münchener, Wiener und Berliner Sezessionen sind die bekanntesten und prägen die regionale, aber auch überregionale Kunstszene durch ihre gegen die offiziellen Salons gerichtete Ausstellungspraxis entscheidend mit.*

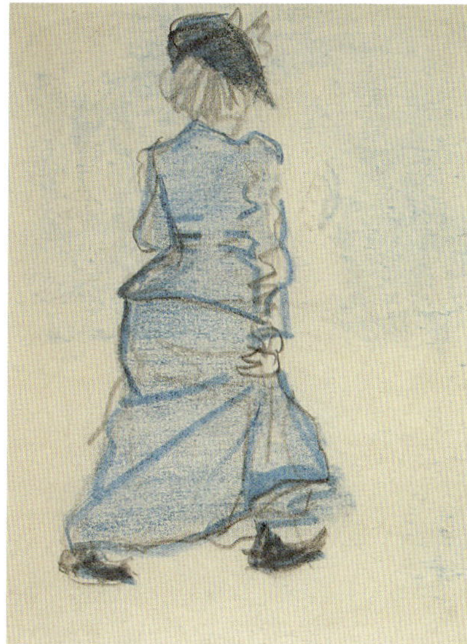

Frau auf der Straße I,
1907/08, Farbstift, Bleistift,
19 x 11,5 cm

vermarktet, besonders von Paul Cassirer, der in engem Kontakt mit den französischen Geschäftskollegen steht. In der Stadt hat sich ein Kreis von Sammlern gebildet und eine Gruppe von Malern, die ihren eigenen Stil, den deutschen Impressionismus, aus der Inspiration durch die französischen Vorbilder entwickelt. Die Berliner **Sezession***, diese gebündelte Ablehnung der Traditionskunst, der unter anderem Max Liebermann und Lovis Corinth federführend angehören, mischt das Kunstleben ordentlich auf und revoltiert gegen die Konventionen der Akademie. August Macke bricht Ende 1907 auf, um die Kunst der Metropole zu erkunden und um sich vertiefend mit dem Impressionismus auseinanderzusetzen. Er spürt die großen Kontraste der pompösen historischen Architektur der höfischen Welt zu den engen, dunklen Hinterhäusern der Arbeiter und notiert banale Alltagsszenen in seinen Skizzenbüchern. Er arbeitet, wie er nach Bonn schreibt, „daß es nur so kracht". Wie faszinierend muss ihm diese Welt im Vergleich zur biedermeierlich-idyllischen Universitätsstadt Bonn erscheinen. Von Heinrich Zille, dem Berliner Zeichner und Fotografen, sind die zahlreichen Milieustudien bekannt, auch Käthe Kollwitz' sozialkritische Arbeiten von Berliner Randexistenzen, die der Kaiser, der in Berlin und Potsdam in luxuriösen Schlössern residiert, als „Rinnsteinkunst" beschimpft. Wilhelm II.

Vielmehr geht mein ganzes Streben darauf, mit wenigen Strichen möglichst das auszudrücken, was ich fühle von einem Menschen.

August Macke, 1907

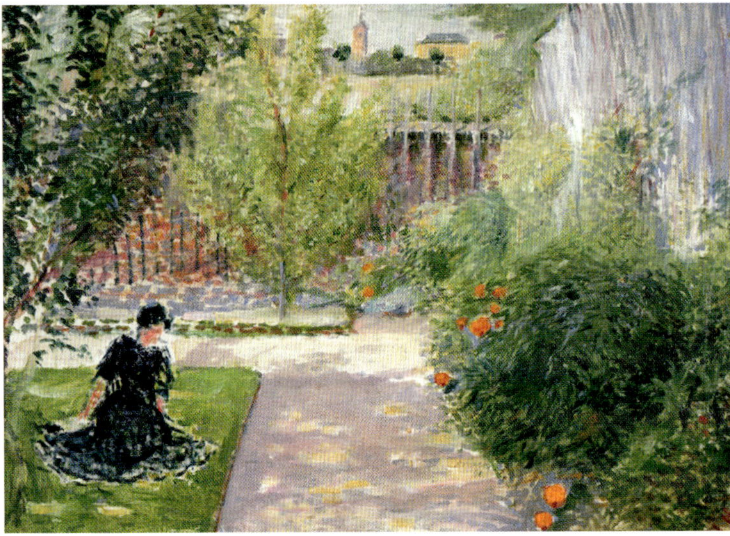

Sonniger Garten, 1908, Öl auf Leinwand, 50,8 x 66 cm

versucht mit allen Mitteln, den Impressionismus und alles Moderne aus den Berliner Museen herauszuhalten.

Nach den schlechten Erfahrungen an der Düsseldorfer Akademie und den ersten eigenen autodidaktischen Schritten ist Macke nun davon überzeugt, in der Privatschule, an der der Impressionist Lovis Corinth (1858–1925) lehrt, mehr über die moderne Malweise lernen zu können. Es sind solche privaten Institute, die damals allen denjenigen die Möglichkeit eines Studiums eröffnen, die von den Akademien enttäuscht sind oder deren anspruchsvolle Aufnahmeprüfung nicht schaffen. Frauen, denen das Studium offiziell sogar verboten ist, erhalten hier die Möglichkeit einer künstlerischen Ausbildung. Corinth gilt als launisch und temperamentvoll, aber Macke ist optimistisch: „Er ist trotz seiner Ruppigkeit doch ein Kerl, der einem, wenn man selbst mitwill, viel, viel beibringen kann." Der Lehrer empfiehlt das Studium der Alten, Leonardo da Vinci beispielsweise, oder rät zu biblischen oder antiken Sujets. Das ist sicher überraschend, aber Macke weiß, dass er sich nur über die Kenntnis der großen Vorbilder von diesen emanzipieren kann und dass bestimmte Themen nie ihre

Bedeutung verlieren. Er ist nun endgültig in der Moderne angekommen. Der Impressionismus befreit ihn von den Traditionen und der dunklen, tonigen Farbigkeit. Vor allem aber regt er zum selbstständigen Sehen an und zum Experiment mit dem **Komplementärkontrast**.* Trotzdem spürt der junge Künstler, dass in dieser Stilrichtung nicht der Endpunkt seiner malerischen Entwicklung liegt.

Bevor er all die neuen Eindrücke und Anregungen so richtig verarbeiten kann, fordern äußere Umstände eine Zwangspause von der Malerei. Der einjährige Militärdienst steht an. Im Deutschen Reich herrscht eine dreijährige Wehrpflicht und nur, wer die Schule wie Macke nach der 10. Klasse abgeschlossen hat, darf die dreijährige Pflichtzeit auf ein Jahr verkürzen, weshalb der Schulabschluss im Volksmund auch „Einjähriges" heißt. Diese Vergünstigung hat jedoch einen gravierenden Nachteil: Die komplette Ausrüstung von der Uniform bis zum Gewehr muss selbst gestellt werden. Dafür leiht sich Macke einen Geldbetrag bei seiner Schwester, den er später bei ihr abstottert. Macke wird dem 9. Rheinischen Infanterie-Regiment zugeordnet, die militärischen Übungen finden in der Eifel statt. Zeit zum Malen findet er nicht in diesem Jahr, aber er zeichnet viel und schreibt mit seinem typischen Humor: „[...] das Komische beim Militär ist ja auch so ziemlich unbezahlbar." In zahlreichen karikaturistischen Szenen erweist sich hier eine Begabung, die in seinem Werk immer wieder durchbricht, in Zeichnungen, aber unterschwellig auch in vielen Gemälden.

---

* **KOMPLEMENTÄRKONTRAST** *Ausgangspunkt sind die Grundfarben Gelb, Rot und Blau. Mischt man jeweils zwei dieser Farben, ergeben sich daraus Orange, Violett und Grün. Diese Farben verhalten sich komplementär (ergänzend) zu den Grundfarben: Grün zu Rot, Violett zu Gelb und Orange zu Blau. Diese Komplementärpaare steigern sich in der Wahrnehmung gegenseitig und haben eine besonders lebendige Wirkung – das finden die Farbtheoretiker des 19. Jahrhunderts heraus, mit denen sich die Künstler auseinandersetzen.*

Ein neuer Lebensabschnitt

„LIED ÜBER DIE SCHÖNHEIT"

Direkt nach dem Militärdienst folgt die Hochzeit mit Elisabeth Gerhardt: Seine Verlobte, die große Liebe seines Lebens, ist schwanger, und ihre Mutter empört; es ist ein erneuter Tabubruch. Die Hochzeit findet im Oktober 1909 im kleinsten Familienkreis statt. Schon seit sechs Jahren kennen und lieben sich die beiden. Macke hat das bildhübsche junge Mädchen auf seinem Weg zur Schule damals immer von Weitem gesehen und war sofort fasziniert. Da ihr Bruder zur gleichen Schule geht, freundet er sich mit ihm an, um unter dem Vorwand, diesen porträtieren zu wollen, das Haus der Familie Gerhardt betreten zu können. Er ist 16 Jahre alt, Elisabeth 15. Die bürgerlichen Konventionen gestatten den beiden nicht, Zeit allein miteinander zu verbringen, sodass sie Auswege in Briefen und geheimen Spaziergängen suchen und Elisabeth dafür sogar die Schule schwänzt. Die reiche Bonner Fabrikantenfamilie schätzt den begabten Künstler, und er wird wie ein Sohn aufgenommen, vor allem nachdem seine Mutter nach der Hochzeit der jüngeren Schwester Ottilie zur älteren Tochter in den Schwarzwald gezogen ist. Macke ist als Künstler, der zudem aus wenig begüterten Verhältnissen stammt, nicht der ersehnte Schwiegersohn. Mit seiner einnehmenden Persönlichkeit gelingt es ihm aber, die Familie seiner zukünftigen Frau für sich zu gewinnen. Um Konventionen hingegen schert er sich nicht, wie schon einige Male deutlich geworden ist, und auch Elisabeth bedeuten sie wenig, das haben beide gemeinsam. Allerdings machen sie bezüglich der vorehelichen Schwangerschaft ein Zugeständnis: Nach der Hochzeit verlassen sie die Heimat für längere Zeit, um das Gerede zu vermeiden, das den Ruf der Familie Gerhardt beschädigen könnte.

Die Hochzeitsreise bietet ein kontrastreiches Programm und führt über Frankfurt – hier interessiert Macke sich für die große Luftschifffahrt-Ausstellung – und Colmar mit dem berühmten Isenheimer Altar nach Bern. Man sollte meinen, es gäbe aufregendere Reiseziele als die kleine Schweizer Hauptstadt mit ihren Laubengängen und

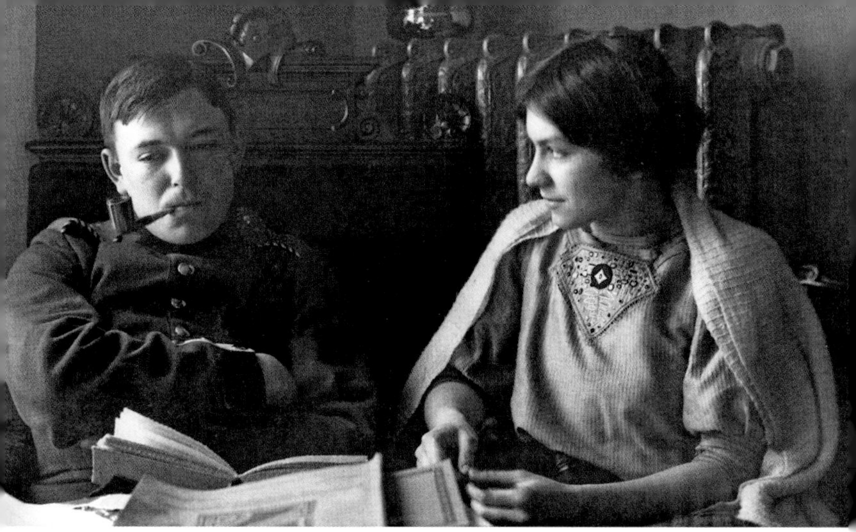

August Macke und Elisabeth Gerhardt, 1908

gediegenen Straßen. Aber Elisabeth will unbedingt die Familie Moilliet besuchen, in der sie 1905 ein halbes Jahr als Pensionsschülerin verbracht hat, wie es für ein junges Mädchen aus gutem Hause damals üblich war. Mit Frau Oberst Mathilde Moilliet und ihren Kindern besteht seitdem eine herzliche Freundschaft. Ein „prächtiger Kerl", befindet Macke nach dem Kennenlernen über den Sohn der Familie, Louis Moilliet, der ebenfalls Maler ist. Die beiden verbindet ihre temperamentvolle und lebenslustige Persönlichkeit ebenso wie das Interesse an den jüngeren Kunstströmungen. Und weil sie sich so gut verstehen und in Paris das Kunstleben tobt, beschließen die drei ganz spontan, in die französische Hauptstadt zu reisen. Eine Hochzeitsreise zu dritt sozusagen! In Paris erleidet Elisabeth beinahe eine Fehlgeburt und muss das Bett hüten, während die beiden Maler die Kunstszene erkunden. Fast bleiben August und Elisabeth in Paris – die lebendige und faszinierende Kunststadt hat die jungen Leute verführt. Allerdings sind die Miet- und Lebenshaltungskosten so hoch, dass sie entscheiden, sich in Tegernsee niederzulassen, dem Bergidyll am See in der Nähe von München. Mackes Freund aus Düsseldorfer Studientagen, der Dramatiker Wilhelm Schmidtbonn, lebt dort mit seiner Frau schon seit einer Weile und sehnt sich nach anregender Gesellschaft.

Es fehlt mir ein Stück von mir selbst, wenn ich Dich nicht habe.

August Macke an Elisabeth, 1909

SEIN „ZWEITES ICH“

Nun in Tegernsee ist Macke endlich mit der Frau zusammen, die seit ihrem Kennenlernen seine engste Vertraute und Gesprächspartnerin ist und die er als sein „zweites Ich“ bezeichnet. Sie unterstützt ihn in seinen Kunstanschauungen und ist bereit, seine unkonventionellen Entscheidungen mitzutragen. Schon während seiner unerfreulichen Ausbildungszeit in Düsseldorf hatte sie ihn in seinem Streben nach künstlerischer Unabhängigkeit immer wieder bestärkt. Da Elisabeth nach der Hochzeit einen monatlichen Fixbetrag von 400 Mark aus dem Erbe ihres Vaters erhält, können beide ein bescheidenes, aber unabhängiges Leben führen. Vor allem kann Macke sich zum allerersten Mal vollständig und ausschließlich auf seine Kunst konzentrieren.

Elisabeth ist Mackes Muse und sein liebstes Modell. Immer wieder skizziert, zeichnet und malt er sie, vor allem bei ihren alltäglichen Verrichtungen: beim Sticken, Lesen, Nähen oder beim Schlafen. Mehrere Porträts in Öl entstehen in den ersten Wochen unmittelbar nach der Hochzeitsreise. Dabei wird das Wohnzimmer zur Bühne. Für das *Porträt mit Äpfeln* befestigt Macke ein Stück Stoff an der Decke, um einen Vorhang zu simulieren. Daneben steht Elisabeth auf einem Podest, die Apfelschale als altes Fruchtbarkeitssymbol balancierend. Beide genießen das enge Miteinander bei der Entstehung des Kunstwerks und beschließen, dieses, ihr gemeinsames Lieblingsbild, niemals zu verkaufen. Daraus wird allerdings nichts.

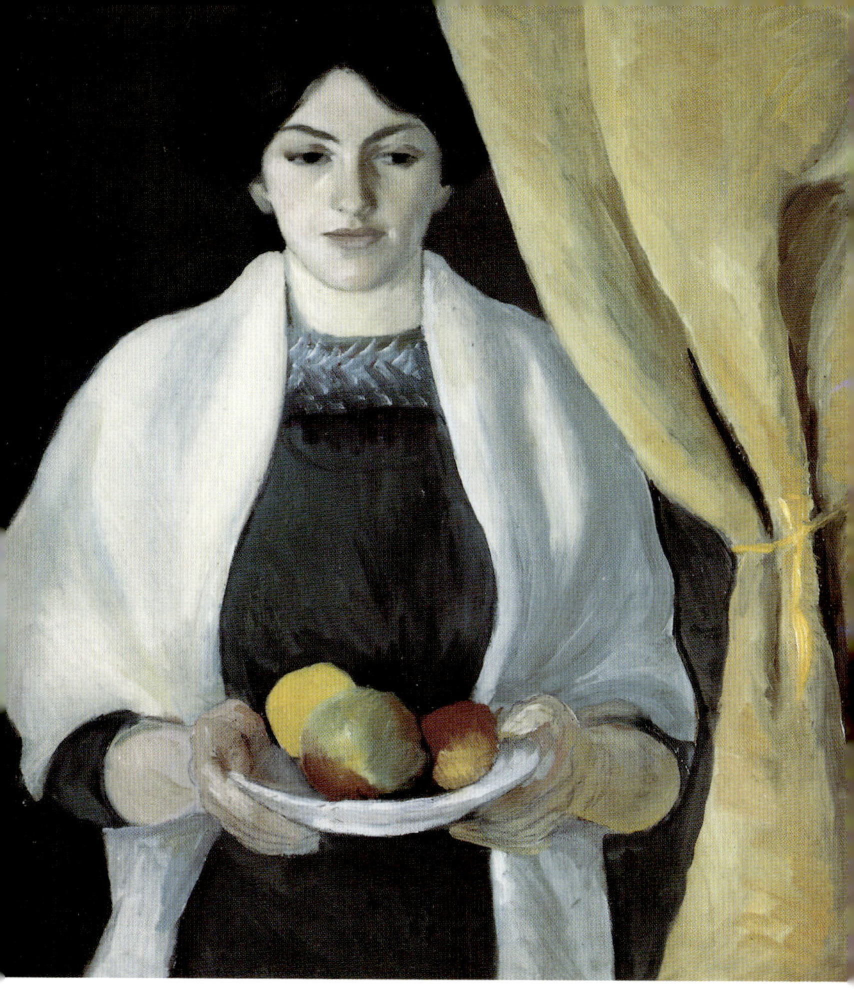

Porträt mit Äpfeln: Frau des Künstlers, 1909,
Öl über Bleistift auf Leinwand, 66 x 59,9 cm

Elisabeth schlafend, 1909,
Bleistift, 9,7 x 15,7 cm

Das Zusammenleben mit dem Dramatiker Wilhelm Schmidtbonn und seiner Frau im selben Haus in Tegernsee beeinträchtigt jedoch die harmonische Zweisamkeit der beiden. Den empfindsamen Schriftsteller irritieren das lebenslustige Paar, die Musik und die zielbewusste Arbeitsfreude Mackes. An Weihnachten kommt es zum Zerwürfnis. Das Klavier, das für die musikalische Elisabeth extra aus Bonn nach Tegernsee transportiert worden ist, bringt das Fass zum Überlaufen. „August sang mit seiner schönen Stimme manchen Abend Brahmslieder, die er besonders liebte. Es kostete nur immer eine ziemliche Mühe, sie ihm einzustudieren, da er wenig Noten kannte und alles nach Gehör lernte“, erinnert sich Elisabeth. Mackes ziehen um in die Wohnung des Schreiners Staudacher, die inmitten von Obstwiesen liegt. Am 13. April wird hier der kleine Sohn Walter geboren. Der ganze Stolz des Vaters spricht in der Zeile mit, die er mit dem Pinselgriff in die noch feuchte Ölfarbe eines Porträtbildes des drei Tage alten Sohnes ritzt: „Diese Locke hat er von mir.“ Das Gemälde ist Elisabeths Großmutter gewidmet, die es nun wegen der vorzeitigen Schwangerschaft zu versöhnen gilt, denn erst durch die Geburt wurde sie davon in Kenntnis gesetzt.

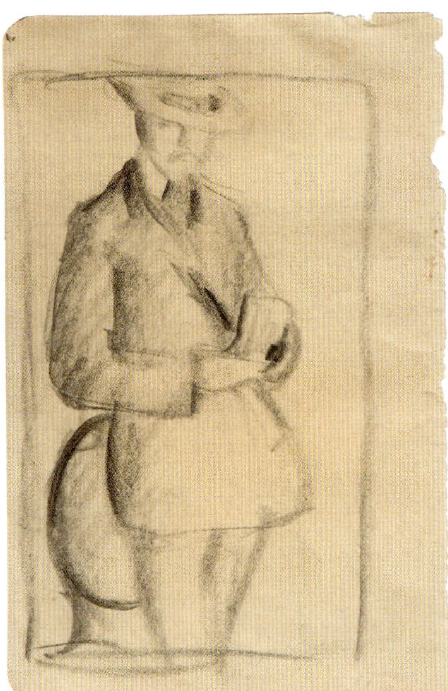

Selbstbildnis, Paris, 1909, Kohle auf Skizzenbuchblatt, 16,1 x 10,5 cm

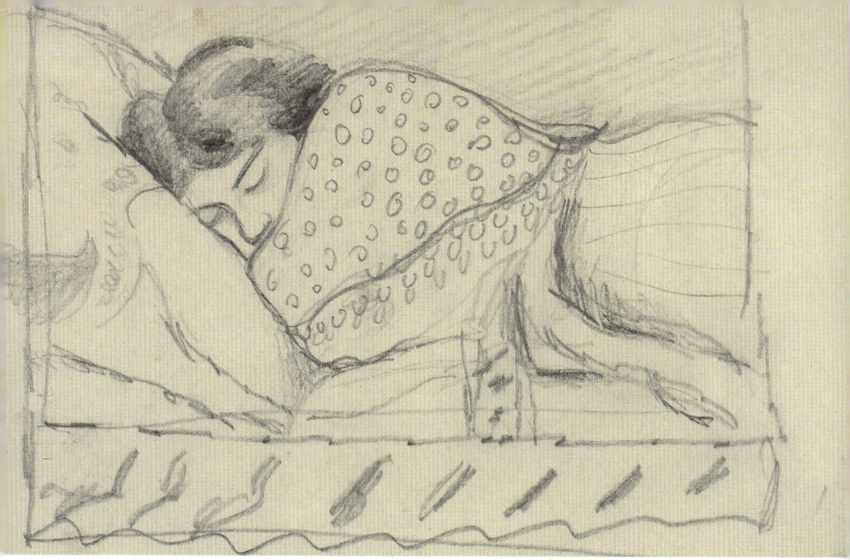

Aber es ist so schön, täglich mehr und mehr einzusehen, was man für ein prächtiges Wesen als Freund und Weib immer um sich hat.

August Macke, 1910

Macke, dieser hingebungsvolle Familienmensch, hat nicht nur eine neue Verantwortung, sondern ab jetzt auch ein neues Modell. Und Elisabeth erhält einen kleinen Anhänger, mit dem sie ihren Sohn, vom Vater hinter Glas gemalt, jederzeit um den Hals tragen kann.

DIE FARBE MACHT'S

Wie kann die Farbe ihre größtmögliche Ausdruckskraft entfalten? Diese Frage beschäftigt Macke ganz besonders in Tegernsee. Wenn er alle malerischen Gestaltungsmittel nun der inneren Empfindung unterordnet, bedeutet das eine Absage an den visuellen, rein äußerlichen Schein. Und wenn das Bild nicht mehr Spiegel der Wirklichkeit sein muss, können die Farben beginnen, ein Eigenleben zu führen. Nicht über das Hilfsmittel der symbolhaften Bedeutung, wie noch am Anfang seiner Kunstentwicklung, sondern ganz unmittelbar durch die Farbzusammenstellungen gelingt es ihm nun, das Innerste

Walter zeichnend, um 1912/13,
Medaillon, Hinterglasmalerei,
Durchmesser 3,6 cm

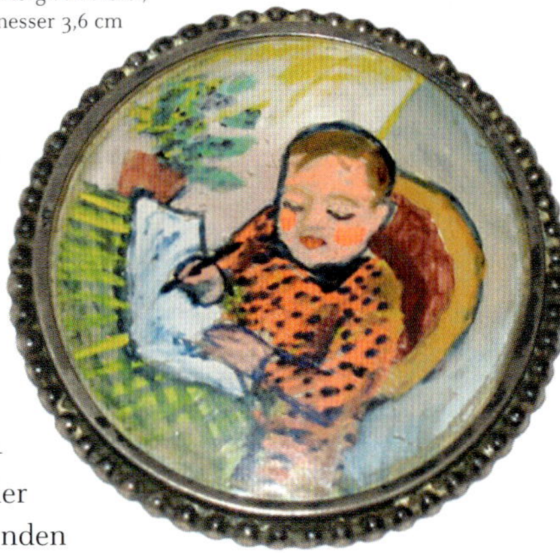

sichtbar zu machen. Ihre Zusammenstellung im Bild soll unmittelbar auf den Betrachter wirken. Und so verweben sich in Mackes Landschaftsbildern etwa vom eigenen Wohnhaus, dem sogenannten Staudacherhaus, die Baumschatten auf der Wiese, die buntfarbig schillernden Baumstämme, die vom Sonnenlicht durchfluteten Baumkronen und die zu Farbflächen vereinfachten Formen zu einem lebendigen, dekorativen Muster. Ungewöhnliche Bildausschnitte, die nicht mehr die Weite der Landschaft zeigen, sondern sich auf einen kleineren Ausschnitt konzentrieren, steigern die Spannung der Komposition.

Dabei lässt er sich von den Bildern der französischen Fauvisten inspirieren, einer modernen Ausstellungsgemeinschaft der Jahre 1905 bis 1908 um Henri Matisse in Paris, deren Werke er im Februar 1910 in der modernen Kunstgalerie Thannhauser in München sieht. Außerdem informiert er sich in Kunstzeitschriften wie *Kunst und Künstler* über das aktuelle Kunstgeschehen, liest Berichte über Ausstellungen und Reportagen über Künstler. Das atmosphärische Abbilden des Augenblicks, das flüchtige Einfangen einer Stimmung mit kurzen Pinselstrichen, der impressionistische Duktus gilt ihm nichts mehr. Hier ist nichts mehr von dem augenblickhaften Lichtflirren zu spüren, welches das 1908 in Bonn entstandene Gartenbild kennzeichnet. Vielmehr ist ein festes Gefüge aus Farben entstanden, das einen Sommertag ganz allgemeingültig charakterisiert. Für all das Neue wird um 1910 von Galeristen und Publizisten der Begriff Expressionismus lanciert, um den Gegensatz dieser Malweise zur Stilrichtung des Impressionismus begrifflich auf den Punkt zu bringen.

DEKORATIVE LEUCHTKRAFT

Ohne Atelier muss Macke immer wieder neu improvisieren. Das Tegernseer Wohnzimmer wird nicht nur zur Bühne für die Porträts von Elisabeth, sondern auch für zahlreiche Objekte, die er auf dem Tisch arrangiert und die dann Eingang in seine Stillleben finden. Trotz der malerischen Neuerungen, die Macke in seinen Bildern einführt, sind es altbekannte Themen, an denen er sie ausprobiert. Die klassischen Gattungen, Landschaft, Stillleben, Porträt, behalten weiterhin ihre Gültigkeit. Gerade das Stillleben eignet sich, um zu experi-

Staudacherhaus in Tegernsee, 1910,
Öl auf Leinwand, 41,6 x 40,2 cm

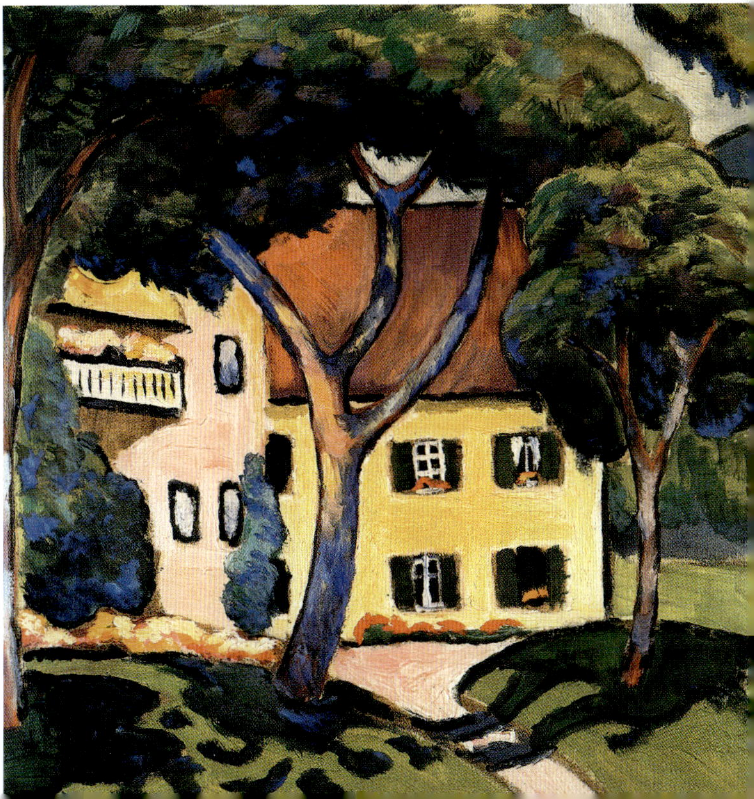

Stillleben mit Strauß und Buddha,
1910, Öl auf Papier, 51 x 47 cm

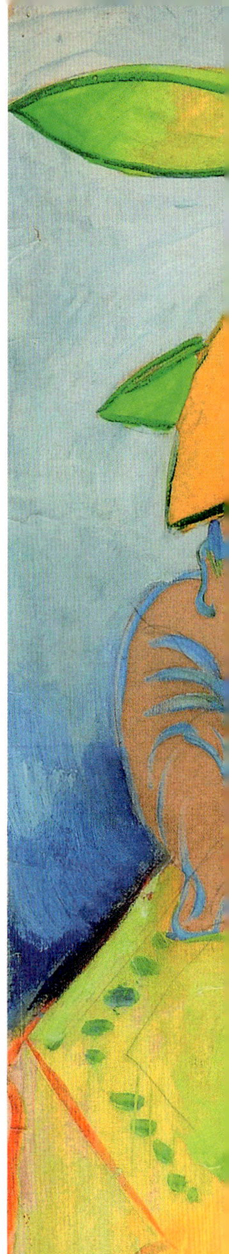

mentieren, sind doch alltägliche Objekte jederzeit verfügbar und von äußeren Gegebenheiten wie etwa dem Wetter unabhängig. Diese Gegenstände aus dem Leben des Künstlers strahlen die Aura des Privaten aus und ermöglichen einen Einblick in das Lebensumfeld des Malers. Dabei unterwirft er sie nicht den Gesetzen der **Perspektive***, sondern positioniert sie ohne jeglichen Hinweis auf einen Raum vor einer leuchtenden, einfarbigen Fläche. Und statt wie die alten Meister die Objekte realitäts- und detailgetreu abzubilden, greift Macke in die Welt der Dinge gestaltend ein. Er bildet nicht mehr nur ab, sondern wird schöpferisch tätig. Formale und farbliche Bezüge schaffen ein spannungsvolles Miteinander der dargestellten Objekte. Ihre Oberflächenstruktur, das Material, Details oder die symbolhafte Bedeutung interessieren ihn nicht. Der Betrachter wird vielmehr durch den dekorativen Gesamtklang der Bildwirkung ganz unmittelbar angesprochen. Die Linie, häufig eine farbige Umrisslinie, erhält eine neue Definition, da sie die Fläche ganz bewusst betont, wie in der Umrandung der einzelnen Bildobjekte. Gerade den Verzicht auf die Darstel-

---

* **PERSPEKTIVE** *Während der Renaissance erfanden die Maler die perspektivische Darstellung, um auf diese Weise die Gegenstände räumlich erscheinen zu lassen. Sie war ein Kunstgriff, um die Flächigkeit des Bildes durch einen optischen Trick in die Dreidimensionalität zu überführen. Erst so war es möglich, mit der Malerei ein genaues Abbild der Wirklichkeit zu schaffen.*

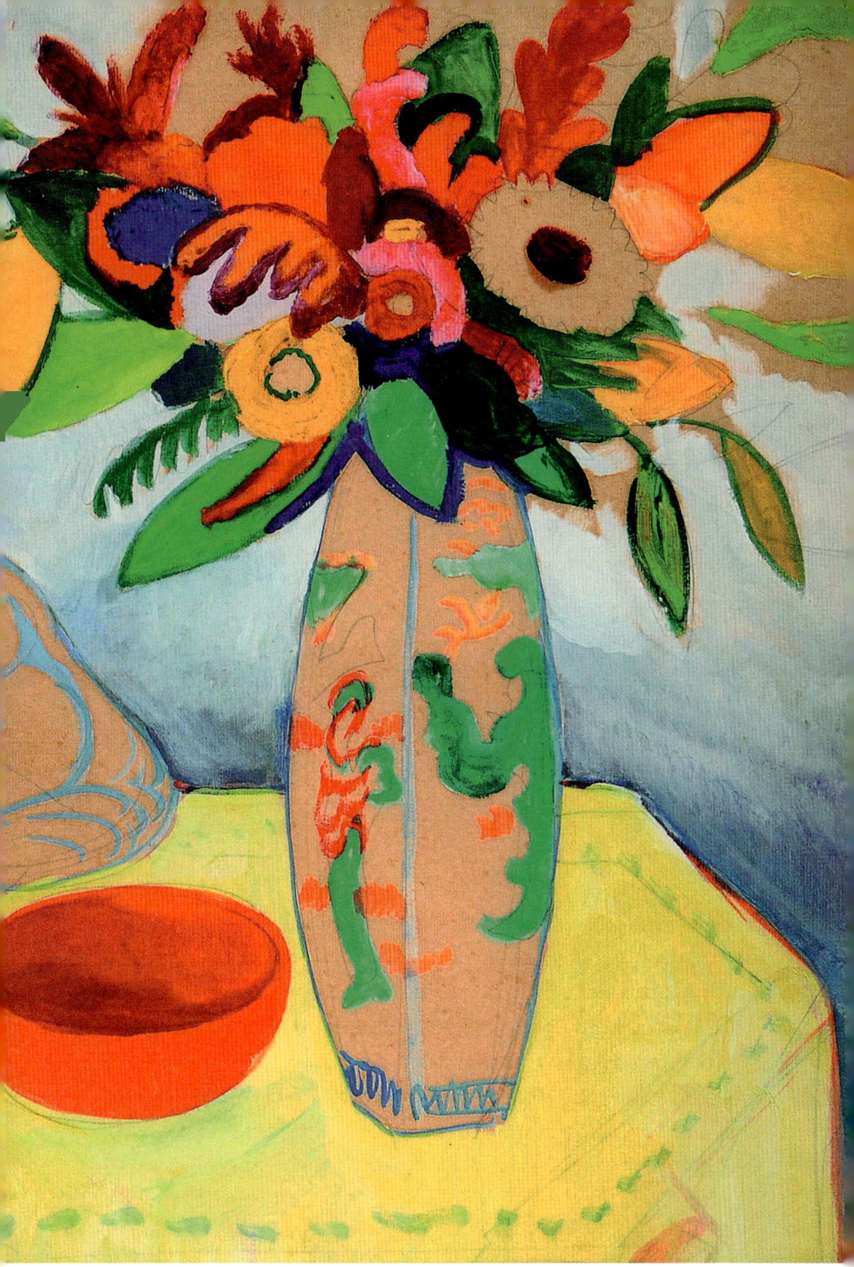

lung von Räumlichkeit, verbunden mit einer willkürlichen, expressiven Farbwahl, nutzt Macke zur Steigerung des Ausdrucks. Das Einfügen einer Buddhafigur, japanischer Keramik, orientalischer Textilien oder eines afrikanischen Fetisches im Bild spiegeln eine bestimmte Geisteshaltung wider. Vor allem werden die Bildobjekte nun nach ihrem speziellen Ausdruckswert in die Komposition eingefügt. Bis in das 20. Jahrhundert hinein werden die Zeugnisse fremder Kulturen neben den archäologischen Artefakten der griechischen und römischen Antike als wertlos angesehen. Erst mit der Abwendung von einer naturalistischen Kunstsprache wurden sie als Objekte des Spirituellen insbesondere von den jungen Künstlern wertgeschätzt. Einen riesigen Fundus an Ideen und Formen bietet in dieser Hinsicht die *Ausstellung von Meisterwerken Muhammedanischer Kunst*, die am 15. Mai 1910 in München mit der unglaublichen Anzahl von 3600 Exponaten eröffnet. Nur vier Tage später ist Macke dort, umherstreifend zwischen all den Teppichen, Textilien, Büchern und Objekten, die zu neuen Bildlösungen anregen. Fortan finden sich immer wieder orientalische Formen und Themen in seinen Bildern. Und die Stillleben wirken gar nicht mehr still, sondern höchst lebendig mit ihren farbigen, fast aus dem Format quellenden und den Bildrand überschneidenden Objekten.

In Franz Marc (1880–1916), den Macke Anfang 1910 in München kennenlernt, findet er einen neuen Freund. Zufällig stößt er bei einem Besuch in Münchner Galerien zusammen mit seinem Cousin, dem Maler Helmuth Macke (1891–1936), auf Arbeiten des Künstlers, die ihn sofort begeistern. Er lässt sich die Kontaktdaten geben und besucht Marc in seinem Atelier. Beide verbinden gleiche künstlerische Interessen: die Abwendung von Traditionen und die Hinwendung zu einer farbigen Ausdrucksmalerei. Hinzu kommt die gegenseitige Sympathie, was zusammen die Basis zu einer lebenslangen Freundschaft bildet, die hier ihren Anfang nimmt. Intensive Diskussionen über Kunst und gemeinsame Aktivitäten zur Vernetzung der Moderne stehen neben ganz persönlichen und privaten Ereignissen, die auch die jeweiligen Lebensgefährtinnen einbeziehen. So kommt in langen

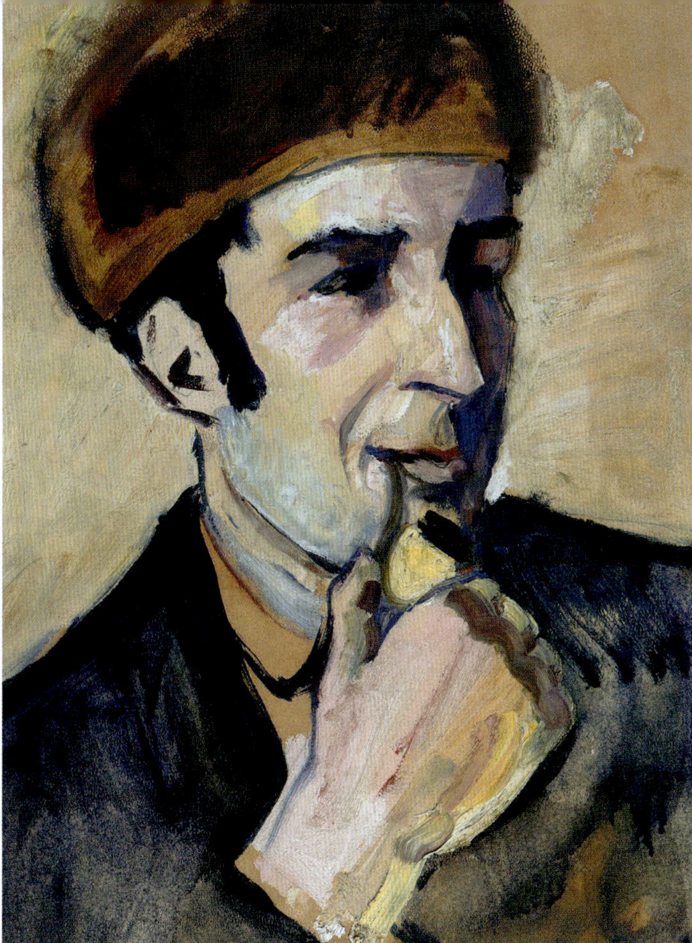

Bildnis Franz Marc, 1910, Öl auf Karton, 50 x 39 cm

Als Franz Marc im September bei Macke zu Gast ist, liefern sich die beiden Künstlerfreunde ein malerisches Wettrennen. Wer kann in kürzerer Zeit ein Porträt des anderen mit Ölfarbe auf die Leinwand bannen? In nur zwanzig Minuten malt Macke das Bildnis seines Pfeife rauchenden Freundes. Marcs Gegenbild von August Macke ist, wie sich Elisabeth erinnert, so missraten, dass es humorvoll *Der Verbrecher* getauft wird und für immer in einer staubigen Ecke verschwindet.

Briefen immer wieder Franz und Maria Marcs Anteilnahme am Heranwachsen der Macke-Söhne und die Enttäuschung darüber zum Ausdruck, keine eigenen Kinder bekommen zu können. Während der nächsten Jahre werden die beiden Künstlerfreunde die bedeutendsten Initiatoren großer, moderner Kunstereignisse.

ENDLICH EIN EIGENES ATELIER

Macke ist in dem Jahr in Tegernsee ein entscheidendes Stück weitergekommen. Seine Kunst ist kein Abbild der Natur mehr, er vereinfacht das Gesehene, gestaltet es neu und arbeitet dementsprechend häufiger aus der Erinnerung. Jetzt macht sich das Fehlen eines eigenen Ateliers bemerkbar, in dem er seine Ideen ungestört ausprobieren und umsetzen könnte. Und so packt Macke im November 1910 die Koffer und zieht mit seiner Familie zurück nach Bonn. Die Schwiegermutter stellt ein Haus auf dem Firmengelände der Gerhardts zur Verfügung – in den benachbarten Fabrikgebäuden werden Laborgeräte hergestellt. Die Wolken, die sich über der vorehelichen Schwangerschaft zusammengebraut hatten, sind verzogen. „Alles sehr still, seriös, unauffällig", berichtet er wenig später über die ruhige Atmosphäre Bonns an Franz Marc nach Süddeutschland. In Vorfreude auf das eigene Heim hat er in Tegernsee bereits Möbel für Küche und Schlafzimmer in ganz schlichten, modernen Formen entworfen und von seinem Tegernseer Vermieter, dem Schreiner Staudacher, tischlern und weiß lackieren lassen. Der Purismus entspricht dem Zeitgeschmack ganz und gar nicht, der wertvolles Holz und viele aufwendige Schnörkel liebt. Die Kissen, Teppiche und Stuhlbezüge nach eigenen Entwürfen, von Elisabeth, ihrer Mutter Sophie Gerhardt und der Großmutter Katharina Koehler gestickt, erzeugen im Bonner Häuschen eine wohnliche Atmosphäre. Bei der

> **Denn offen gestanden ist gerade das Atelier es, was mich nach Bonn zu ziehen bestimmt hat.**
>
> August Macke, 1910

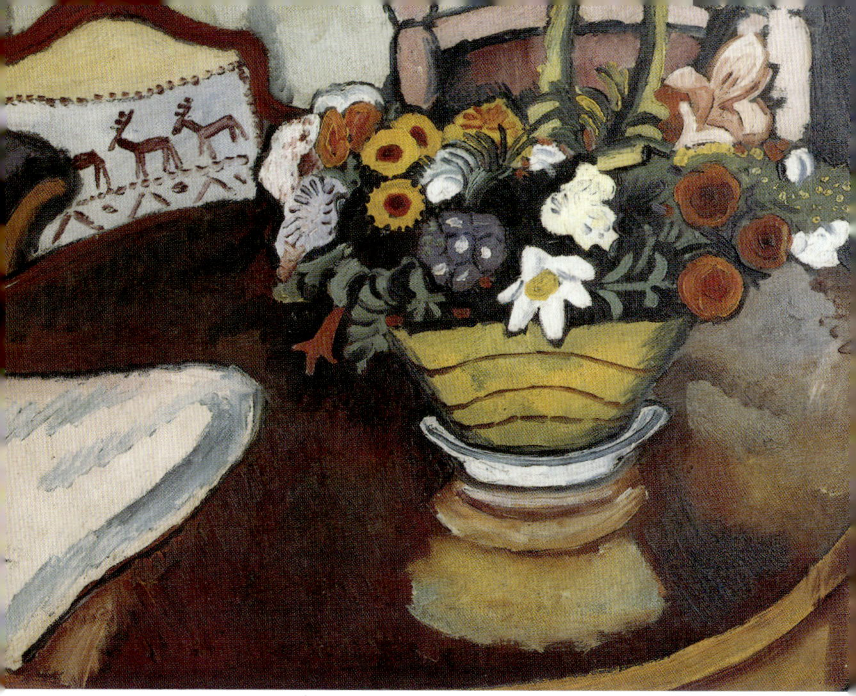

Stillleben mit Hirschkissen und Strauß, 1911, Öl auf Leinwand, 46 x 61 cm

Franz Marc hatte die sogenannte Kachelschüssel als Weihnachtsgeschenk nach Bonn geschickt, und Macke hatte nichts Besseres zu tun, als Blumen in der Schale zu drapieren und sie auf dem Tisch aufzustellen. Im folgenden Sommer wird die Schüssel zum Protagonisten eines Stilllebens. So erhaschen wir einen Blick in das neu eingerichtete Wohnzimmer, in dem sich biedermeierliches Idyll mit einer modernen Note verschränkt.

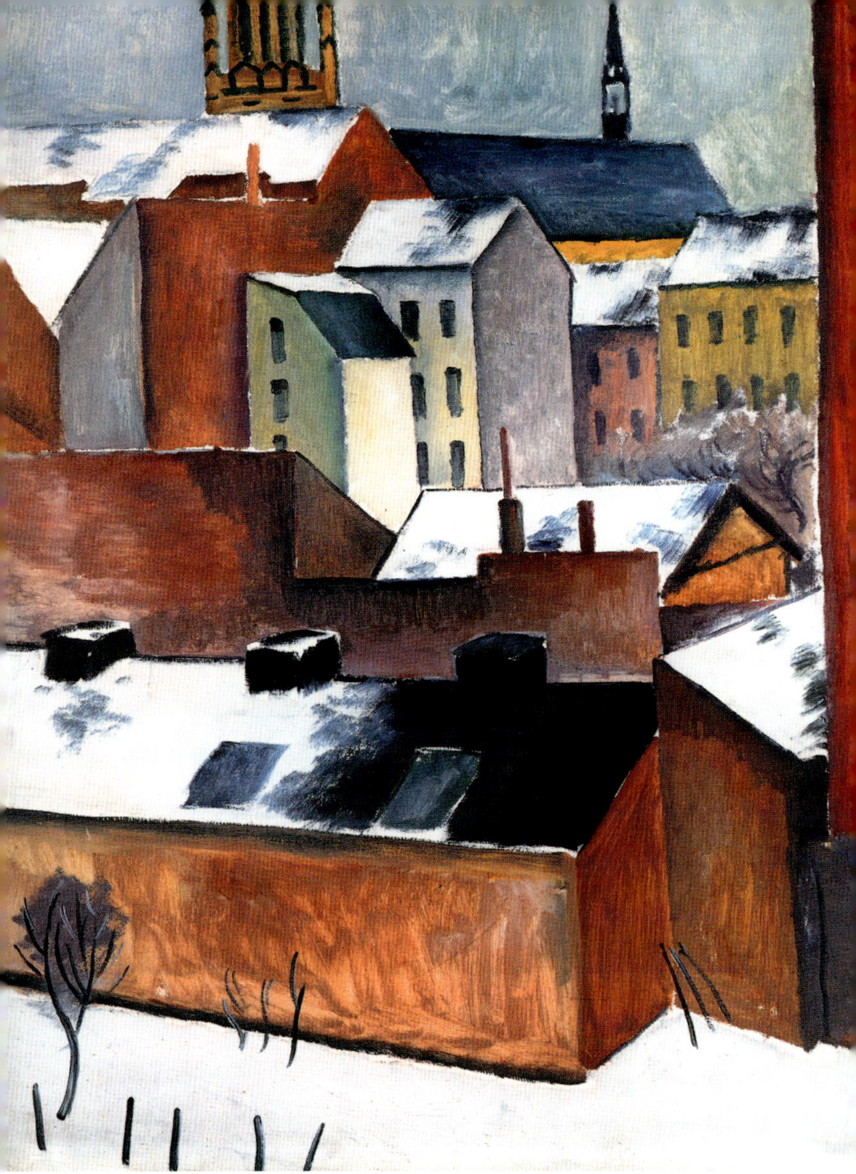

Marienkirche im Schnee, 1911, Öl auf Karton, 105 x 80 cm

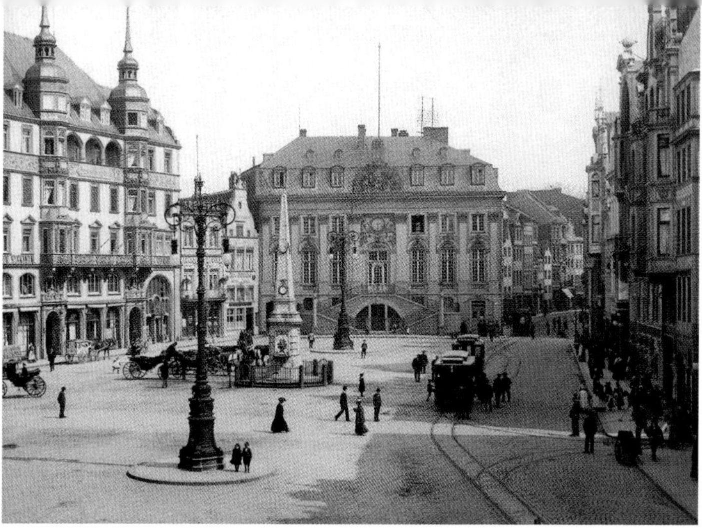

Bonn, Marktplatz, Postkarte, 1904

Gestaltung dieser kunsthandwerklichen Arbeiten, die Macke direkt auf Stoff vorzeichnet, wählt er die gleichen Motive wie für seine Bilder. Wohnen und Arbeiten bilden eine gestalterische Einheit, was genau seinem Lebensgefühl entspricht.

Das Bedeutendste für Macke ist jedoch der Raum unter dem Dach, den er ganz nach seinen Wünschen mit großen Dachflächenfenstern zu seinem ersten Atelier umgestaltet. Im Februar 1911 ist es endlich fertiggestellt. Der Blick aus dem Fenster auf die neugotische Marienkirche, die Viktoriabrücke und die Felder der Umgebung sind anfängliche Bildthemen. Noch interessiert ihn vor allem die Weiterentwicklung der malerischen Mittel anhand klassischer Bildthemen. Immer sicherer verwebt er Farben und Formen und fasst das Geschaute – wie in dem Ausblick aus seinem Fenster auf die Bonner Vorstadt – zu farbigen, stark konturierten Flächen spannungsvoll zusammen. Die intensive Auseinandersetzung mit Farbtheorien bringt ihm noch einmal neue Erkenntnisse. In einem Brief an Franz Marc legt er seine Überlegungen dar und ordnet dem Bezugssystem der Farben musikalische Klänge und menschlichen Eigenschaften zu: Blau symbolisiert das Traurige, Gelb das Heitere und Rot das Brutale.

Das August Macke Haus in Bonn

Das Angebot, ein eigenes Atelier ganz nach seinen Vorstellungen zu erhalten, bewegte August Macke, zusammen mit seiner Frau Elisabeth und dem kleinen Sohn Walter, Ende 1910 von Tegernsee in die alte Heimat Bonn zurückzukehren. Seine Schwiegermutter, Sophie Gerhardt, stellte ihnen am Rande des Fabrikgeländes der eigenen Firma ein Haus im spätklassizistischen Stil zur Verfügung, das am damaligen nördlichen Stadtrand gelegen war und in dem im Januar 1913 der zweite Sohn Wolfgang geboren wurde.

Bis zu Mackes Einberufung zum Kriegsdienst am 2. August 1914 war sein neues Zuhause die Schaltzentrale seiner vielfältigen kunstpolitischen Aktivitäten. Künstlerfreunde wie Robert Delaunay, Max Ernst und viele andere gingen hier ein und aus. Einige seiner bekanntesten Gemälde entstanden in dem hellen Dachatelier, und bei einem Besuch von Franz Marc 1912 malten die beiden dort ein großes Paradiesbild auf eine vier Meter hohe und zwei Meter breite Wand. Im Atelier stand aber nicht nur die Staffelei, sondern auch eine Werkbank. Macke schnitzte, formte Skulpturen, entwarf Schmuck oder Porzellan. Der angrenzende große Garten war das Spielparadies der Kinder, ein wichtiges Bildmotiv sowie Nutzgarten mit Hof und Scheune.

Das August Macke Haus in Bonn

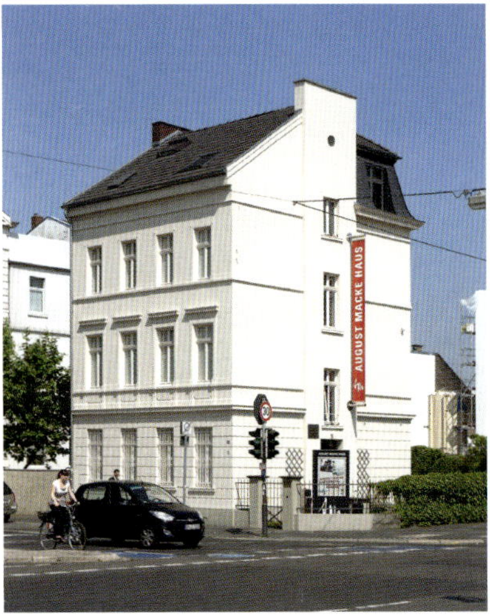

Nach dem frühen Tod von August Macke im Ersten Weltkrieg lebte Elisabeth hier mit ihrem zweiten Ehemann Lothar Erdmann und den Kindern bis zum berufsbedingten Umzug der Familie nach Berlin. Mittlerweile zum zweiten Mal verwitwet, kehrte sie nach dem Zweiten Weltkrieg für einige Jahre in das zu

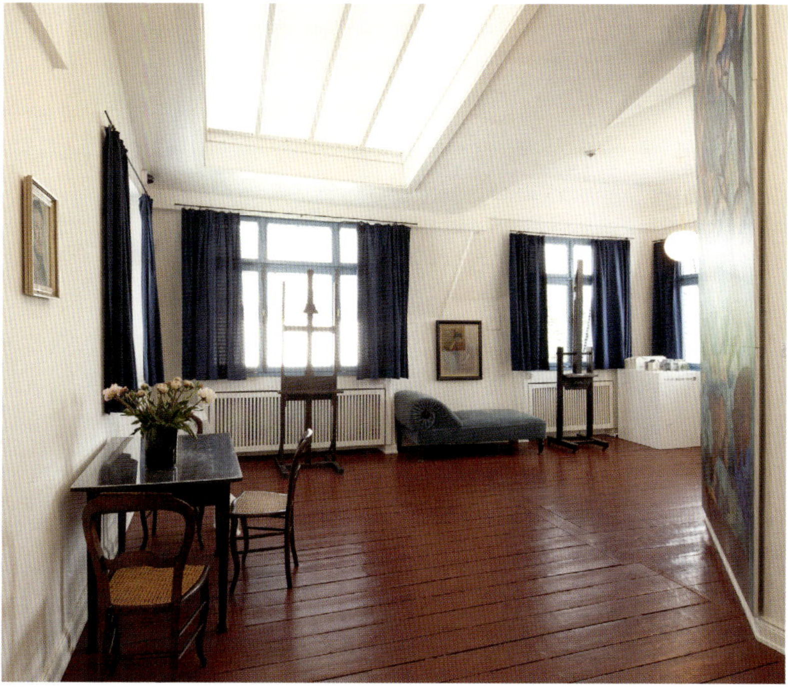

Rekonstruktion des Künstlerateliers im August Macke Haus

einer winzigen Wohnung umgebaute ehemalige Atelier zurück. Nach ihrem Tod 1978 wurde das Haus verkauft und das Wandbild von Macke und Marc ins LWL-Museum für Kunst und Kultur nach Münster verbracht. Es ist ausschließlich bürgerschaftlichem Engagement zu verdanken, dass das Haus in den 1980er-Jahren nicht in eine Gaststätte umgebaut, sondern als Museum und Ausstellungshaus der Öffentlichkeit zugänglich gemacht wurde. Heute ist das August Macke Haus eine Forschungsstelle zum Rheinischen Expressionismus. Wechselausstellungen beleuchten Leben und Werk August Mackes. Ein Erweiterungsbau wird die Möglichkeiten des kleinen, aber feinen Künstlermuseums deutlich vergrößern.

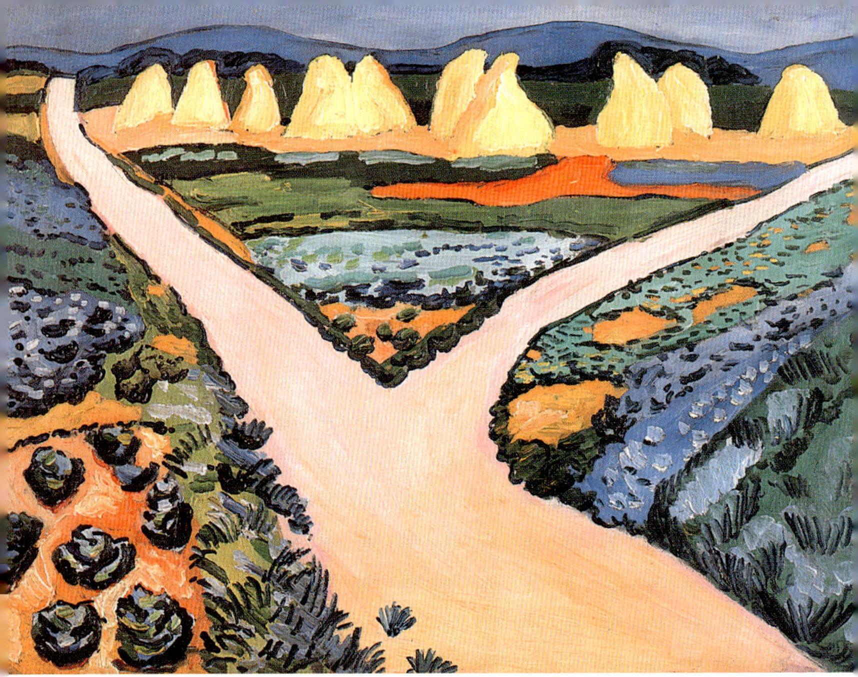

Gemüsefelder, 1911, Öl auf Leinwand, 47,5 x 64 cm

Die ländliche Umgebung Bonns wird für Macke und seinen Freund Hans Thuar, der auch Maler geworden ist, im Sommer 1911 zum Ziel ausgedehnter Ausflüge in die Natur. Rücken an Rücken malen die beiden Künstler in der von Gemüseanbau geprägten Vorgebirgslandschaft ihre leuchtenden, auf das Wesentliche reduzierten Eindrücke.

Ich habe alles, was ich brauche, und bin vollkommen glücklich, wenn ich malen kann, was ich fühle.

August Macke, 1911

DAS NEUESTE IST GERADE INTERESSANT GENUG

Mit seiner Kunst positioniert sich Macke als ein Künstler, der abseits der traditionellen Pfade und des offiziellen Kunstdiktats auf die revolutionären Neuerungen reagiert, die Anfang des 20. Jahrhunderts das Denken der Menschen umkrempeln. Industrialisierung und technische Erfindungen haben das Erscheinungsbild der Städte und den Lebensalltag ihrer Bewohner extrem verändert. Alles ist schneller und hektischer geworden. Ohne die Sozialkontrolle kleinerer dörflicher Gemeinschaften leben die Menschen freier, aber auch bindungsloser. Die Psychoanalyse und Traumdeutung von Sigmund Freud richten ihren Blick ins Unterbewusstsein, auf die innere Gefühlswelt. Auch der Physiker Wilhelm Konrad Röntgen liefert in Würzburg mit den nach ihm benannten Strahlen die ersten Bilder vom Inneren des Menschen. Sogar der uralte Traum vom Fliegen realisiert sich: Fesselballons und Zeppeline sind jetzt am Himmel zu sehen, immer öfter auch motorisierte Flugzeuge. Vor allem aber Physiker wie Albert Einstein, der Raum und Zeit als feste Größen

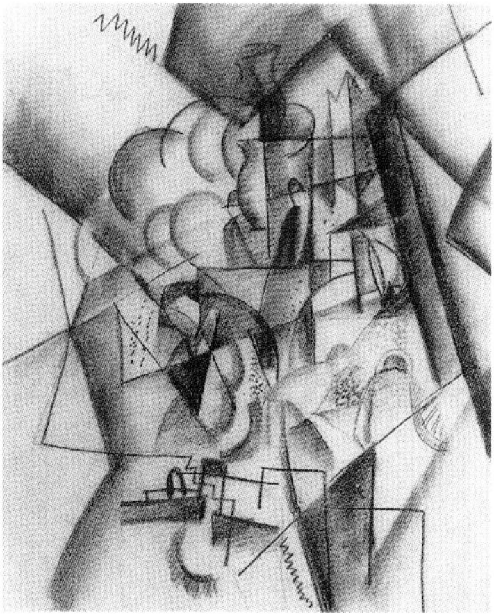

Kubistisch aufgeteilter Raum mit Figuren,
1913, Kreide auf Karton, 32 x 26,8 cm

negiert, wie Max Planck, der neue Erkenntnisräume eröffnet, und wie Ernest Rutherford stellen das alte Weltbild infrage.

Dichter, Schriftsteller, Tänzer und Theaterleute, Maler und Bildhauer suchen nach Wegen, diese Neuerungen und Veränderungen in ihren Werken aufzugreifen. Wie gelingt es Macke, das gewandelte Lebensgefühl, das überall spürbar ist, über das bisher Erreichte hinaus in seiner Kunst zu veranschaulichen? Welche gestalterischen Kniffe sind dafür notwendig? Zunächst sucht er nach neuen malerischen Mitteln. Anregungen findet er bei den aktuellsten Strömungen der französischen und italienischen Kunst, der Vorhut des Neuesten, der Avantgarde: **Kubismus und Futurismus** *. Aber wo gibt es diese ultramodernen Bilder zu sehen? Jedenfalls an nur wenigen Orten. Er entdeckt sie durch die gemeinsame Reise mit Franz Marc nach Paris, aber auch in verschiedenen kleinen Galerieausstellungen in Deutschland werden Werke von Georges Braque und Pablo Picasso ausgestellt, die italienischen Futuristen präsentiert die Kölner Galerie von Otto Feldmann. Während die Presse die radikalen Bildlösungen und die Technikbegeisterung der italienischen Maler lauthals verurteilt, ist Macke von

---

* **KUBISMUS/FUTURISMUS** *Als avantgardistische Kunstbewegung von Pablo Picasso und Georges Braque um 1908 in Frankreich begründet, ist das Kennzeichen des Kubismus die geometrische Formzerlegung und das Bestreben, eine neue Art der räumlichen Perspektive zu schaffen. Der etwa zeitgleich entstandene italienische Futurismus versucht demgegenüber den Bruch mit der malerischen Überlieferung durch die gleichzeitige Darstellung verschiedener zeitlicher Abläufe im Bild.*

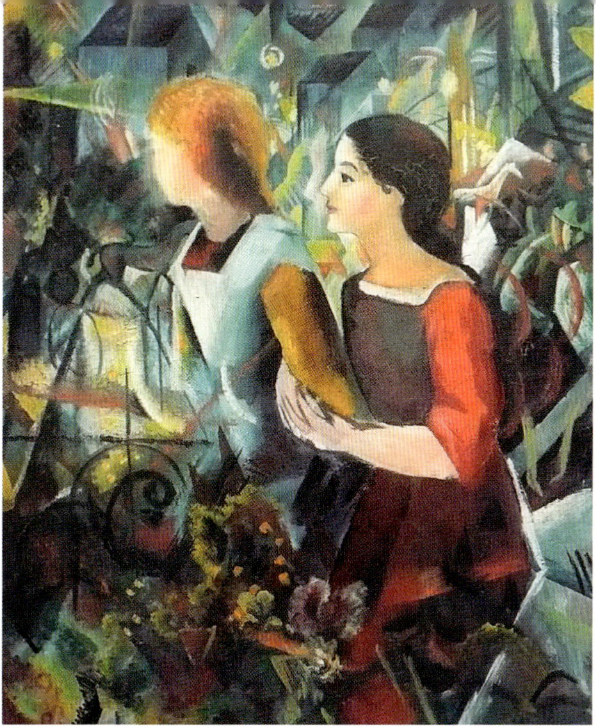

Zwei Mädchen am Abend, (auf der Bahnüberführung), 1912, Öl auf Leinwand, 130 x 100 cm

den Kunstwerken fasziniert, die die neue Lebenswirklichkeit unmittelbar abbilden. Zerlegung der Gegenstandsformen in ihre Einzelteile, auf Linien reduzierte Objekte, rhythmische Formwiederholungen, kleine, zerhackte, geometrische Schnipsel, Stilmittel, die Macke nun in Zeichnungen und Gemälden aufgreift. Es gilt, mit diesen formalen Mitteln die Bewegung zu verdeutlichen und gleichzeitig das Rasante, Lärmende, kurzum die pulsierende Hektik und den technischen Fortschritt zum Ausdruck zu bringen. Wie in seinem Bild der beiden Mädchen inmitten einer Großstadtszenerie. Es ist die Vielfalt der unterschiedlichen Sinneseindrücke, die mit gesteigerter Dramatik von allen Seiten auf die Mädchen einstürmen und sie geradezu bedrängen: der Lärm des Pferdegetrappels, die Bewegung von Motoren und Maschinen, der Schein der flimmernden Großstadtlichter – es ist dem Betrachter anheimgestellt, seinen Assoziationen freien Lauf zu lassen. Die moderne Welt hat Eingang in Mackes Bilder gefunden.

Gegen den Rest der Welt – Vernetzungen

„WERKZEUG EINES GANZEN KREISES“

Welche Strategien muss ein Künstler wie Macke entwickeln, der sich abseits der Tradition bewegt, um Käufer zu finden? Das ist eine besondere Herausforderung. Seit der Geburt seines Sohnes Wolfgang im Januar 1913 trägt er die Verantwortung für eine Familie mit zwei Kindern und muss sehen, dass er mit seiner Kunst trotz aller äußeren Widerstände den Lebensunterhalt verdient. Der monatliche Betrag, den Elisabeth aus dem Erbe ihres Vaters erhält, ist da nur noch der berühmte „Tropfen auf den heißen Stein“. Mietfrei in dem Haus am Rand von Bonn wohnen zu können, ist sehr hilfreich. August Macke erweist sich als begnadeter Netzwerker. Rhetorisch geschickt, extrovertiert und von einnehmender Persönlichkeit, knüpft er unermüdlich Kontakte, organisiert Ausstellungen, hält Vorträge. „Er kann riesig fein Reklame machen u. ist geschickt im Auftreten“, äußert der Kollege Wassily Kandinsky (1866–1944) anerkennend. All diese Mühen, nimmt er auf sich, um die Moderne zu vernetzen und Ausstellungsmöglichkeiten für sich und seinesgleichen zu schaffen. Neue Käuferschichten sind zu erschließen, vor allem aber gilt es, überhaupt erst einmal Verständnis für die moderne Kunst zu erwecken. So engagiert er sich in verschiedenen Künstlergemeinschaften, die eigens zu diesem Zweck gegründet werden, beispielsweise im Kölner Gereonsclub beispielsweise, einer privaten Vereinigung, in die er sich mit „ellenbogen-kräftiger Vitalität“ einbringt, der er verschiedene Ausstellungen moderner Kunst vermittelt und wo er einen Vortrag mit dem Titel *Worte, Töne, Farben* hält. Die Kölner Sezession hebt er mit aus der Taufe. Ende 1911 ist er in München an den Vorbereitungen zum *Almanach* beteiligt, er formuliert seine Ideen und beteiligt sich an Konzeption und Bildauswahl. Die Idee zu diesem Buch haben Franz Marc und Wassily Kandinsky gemeinsam entwickelt, und es wird bei seinem Erscheinen aufgrund der Neuartigkeit hohe Wellen schlagen. Gleichzeitig laufen in München die Vorbereitungen zur Ausstellung einer neuen Künstlergruppe. Auch innerhalb des kleinen Kreises der Modernen gibt es Spannungen: Als Wassily Kandinsky seine ersten

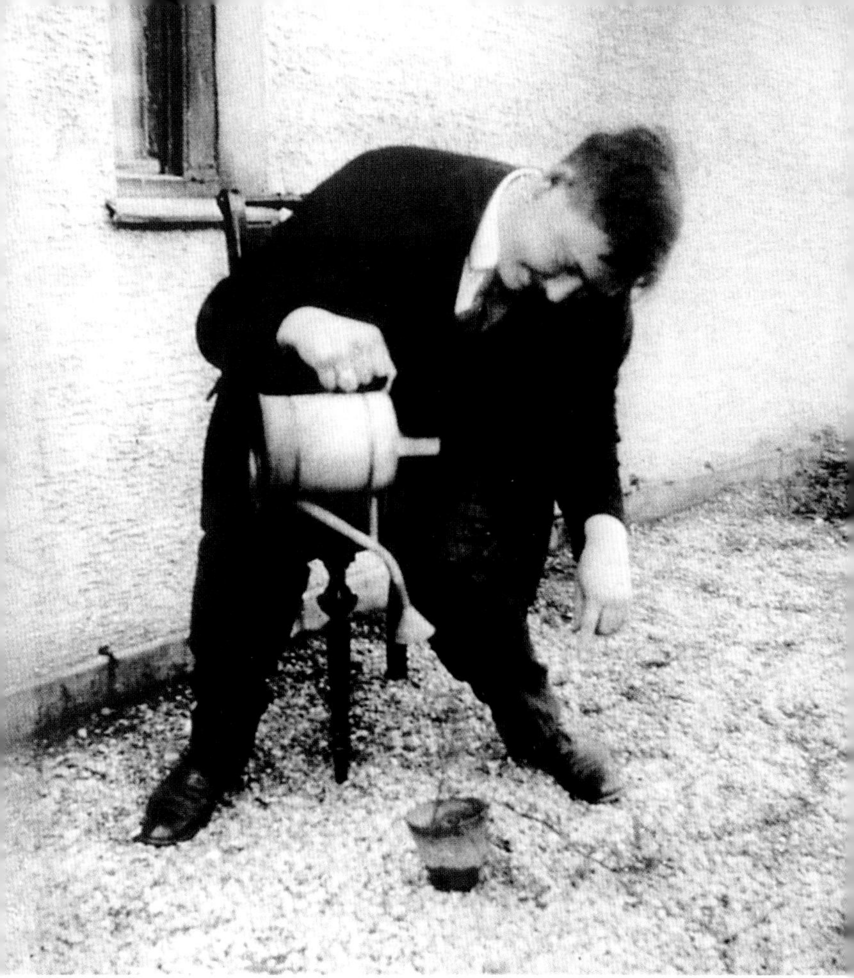

August Macke begießt das Pflänzchen des Blauen Reiters. Die Malerin und Lebensgefährtin von Kandinsky, Gabriele Münter (1877–1962), besitzt eine Kodak-Kamera, mit der sie die aufregenden und geselligen Tage der Vorbereitungen des *Almanachs* dokumentiert. Dazu gehören die Treffen in der Wohnung von Kandinsky in der Ainmillerstraße in München-Schwabing. Auf der dortigen Terrasse entstand diese Aufnahme. Die Hängung der legendären Ausstellung *Der Blaue Reiter* ist ebenfalls durch sie festgehalten.

nahezu ungegenständlichen Bilder in der Neuen Künstlervereinigung München zeigen möchte, folgen ihm viele seiner Künstlerfreunde nicht. So kommt es zur Gründung der Ausstellungsgemeinschaft Der Blaue Reiter. Der bereits zuvor konzipierte Almanach mit dem gleichen Titel wird nun zu einer Art Programmschrift.

Drei große, von den Künstlern und ihren Unterstützern selbst organisierte Ausstellungen präsentieren in den beiden Jahren 1912 und 1913 die moderne Kunst. An allen drei Schauen ist August Macke maßgeblich beteiligt. Der Sonderbund, ursprünglich ein Zusammenschluss Düsseldorfer Künstler, bereitet eine internationale „Riesenausstellung" in Köln vor, wie Macke seinem Freund Marc ankündigt. Der Plan lautet, durch die besondere didaktische Konzeption die konservativen Vorbehalte auszuräumen: Den Werken von van Gogh, Gauguin und den Neo-Impressionisten als „Vätern der Moderne" wird breiter Platz eingeräumt, um die neuesten Tendenzen stilistisch an die Vorgänger anzubinden. Rückblickend erscheint diese Ausstellung als prophetisch, versammelt sie doch alles, was auch heute noch Rang und Namen hat. Damals blieb der Besucherstrom jedoch weit hinter den Erwartungen zurück, und die Reaktion der Presse war überwiegend ablehnend. Macke und Marc selbst ist diese Schau mit ihren über 600 Exponaten nicht modern genug. Ihnen fehlen die allerjüngsten Strömungen, und so werden über die Kontakte zur Sturm-Galerie von Herwarth Walden in Berlin bereits Fühler für weitere, noch modernere Projekte ausgestreckt.

Mit dem Verlag, der gleichnamigen Zeitschrift, der Reformbühne, der Buchhandlung und später der Kunstschule wird die Berliner Sturm-Galerie nicht nur zu einem bedeutenden expressionistischen Zentrum. Der Galerist selbst erweist sich mit seinem vielfältigen und internationalen Engagement auch als Vorläufer des modernen Kunsthändlers. Unter seiner Obhut findet 1913 der berühmte Erste Deutsche Herbstsalon nach französischem Vorbild statt, den Macke und Marc gemeinsam mit Walden organisieren. „Wenn nur alles recht schön würde; wenn der Herbstsalon gut einschlägt, dann hat die moderne Kunst bald gewonnen", schreibt Maria Marc voller Euphorie an ihre Freundin Elisabeth Macke. Die Presse tobt jedoch, bezeichnet die Ausstellung als „Gemäldegalerie eines Irrenhauses", die teilnehmenden Künstler als „Hottentotten im Oberhemd" und „Horde farbspritzender Brüllaffen". Macke empört sich im Gegenzug über das Unverständnis dieser „Schweinehunde" und „Sauzeitungsbengel", die so viel Optimismus zerstören können. Die Ausstellung ist leider auch finanziell ein Desaster.

Kurz vor dem *Herbstsalon* hat Macke noch alle modernen Künstler im Rheinland, insgesamt 16 Künstler und Künstlerinnen, in der von ihm in Bonn organisierten *Ausstellung Rheinischer Expressionisten* gebündelt, wie er schreibt, als „Probe für den Herbstsalon". „Entweder gibt's einen Krach, oder die Bonner sind auch dafür noch zu dumm und schweigen", fürchtet Elisabeth Macke die konservativen Reaktionen. Expressionismus ist der Kampfbegriff dieser Tage, und indem Macke ihn hier für seine Ausstellung verwendet, signalisiert er den Anspruch, Teil der internationalen Avantgardebewegung zu sein. Heute hat sich Mackes Begriff vom Rheinischen Expressionismus in der Kunstgeschichte fest etabliert.

„Im übrigen bringt die Malerei immer soviel ein, daß es besser wäre, man faulenzte", beklagt sich Macke über mangelnde Verkäufe. So neu und ungewohnt sind seine Bildkompositionen in den Jahren ab 1911, dass der zeitgenössische Betrachter Schwierigkeiten hat, überhaupt etwas darauf zu erkennen. Viele Ausstellungsbesucher beschweren sich über die extreme Farbigkeit der Bilder, die jede Sehgewohnheit sprengt. Es braucht viel Durchhaltevermögen, den Anfeindungen immer wieder standzuhalten und den eigenen künstlerischen Weg auch entgegen anderer Strömungen zu beschreiten: „Mich interessiert nachgerade die Meinung anderer über meine Bilder überhaupt nicht mehr", formuliert Macke mit selbstbewusster Konsequenz.

Kunstmarkt und Künstlergruppen

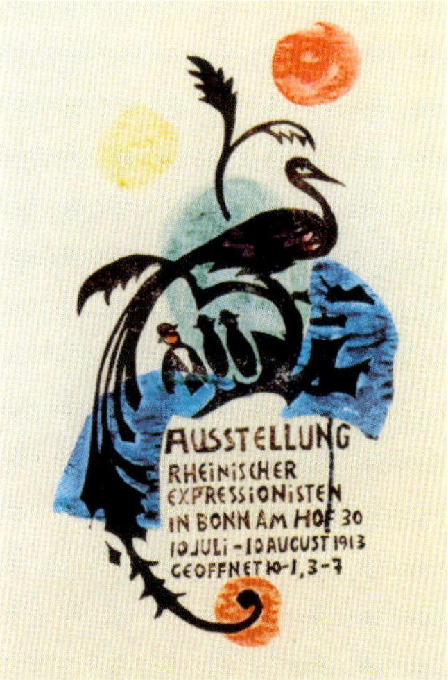

Plakatentwurf für die *Ausstellung Rheinischer Expressionisten*, Linolschnitt, aquarelliert, 46,5 x 29,5 cm

Entstanden Kunstwerke früher in aller Regel als Auftragsarbeiten für den Hof, die Kirche oder reiche Adelige, so entfiel dieser Kreis an Auftraggebern gegen Ende des 19. Jahrhunderts aufgrund der gesellschaftlichen Veränderungen zunehmend. Nun gewannen die Künstler zwar die Freiheit zu malen, wie und wonach ihnen der Sinn stand, mussten aber die Vermarktung ihrer Werke selbst in die Hand nehmen. Das erforderte Überzeugungskraft und vor allem viel Zeit. Moderne Kunst hatte es im Wilhelminischen Kaiserreich nicht gerade leicht. Die von der französischen Avantgarde beeinflussten modernen Stilrichtungen erregten nicht nur Missfallen, sondern machten sich der Anbiederung an den Erb- und Erzfeind Frankreich verdächtig. „Verrückt“, „geisteskrank“ oder „entartet“ schrieb die Presse über solche Künstler und ihre Arbeiten.

Ausgeschlossen von den offiziellen Ausstellungsmöglichkeiten, den Salons oder den großen Kunstausstellungen, gründeten die Modernen eigene Künstlerverbände und Ausstellungsgemeinschaften. Die Sezessionen in München, Wien und Berlin waren um 1900 solche frühen Künstlerzusammenschlüsse. Wenige Jahre später schloss sich die jüngere Generation der Expressionisten aus den gleichen Gründen zusammen. Die Dresdener Künstlergruppe Die Brücke machte 1905 den Auftakt. Es folgten weitere, darunter die Neue Künstlervereinigung München, von der sich Der Blaue Reiter abspaltete. Auch die 1913 in Bonn von August Macke organisierte *Ausstellung Rhei-*

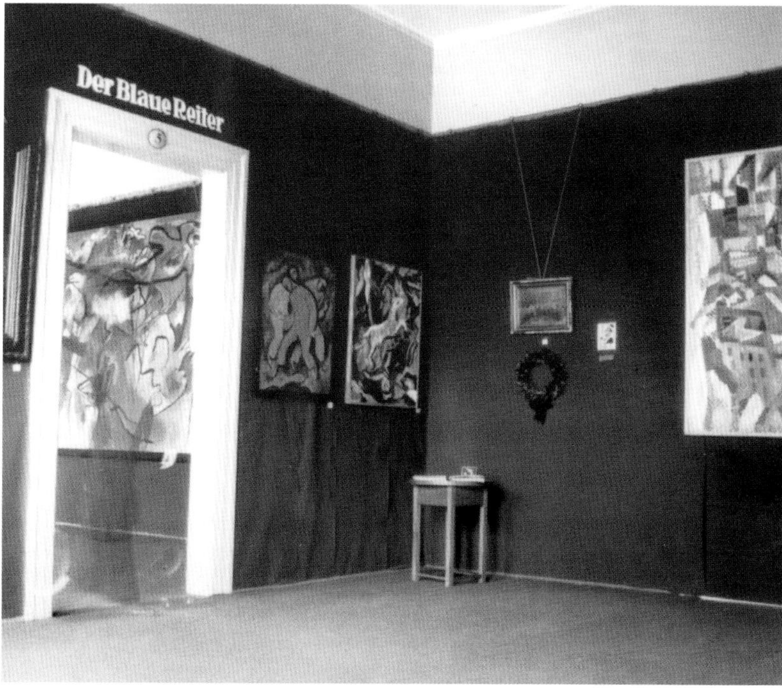

Der Blaue Reiter, Blick in die Ausstellung, Foto: Gabriele Münter

nischer Expressionisten diente dem Aufbau eines Netzwerkes moderner Künstler in der Region. Die in der Regel als Wanderausstellungen organisierten Präsentationen wirkten durch die Mitgliedschaften ausländischer Künstler auch über die Landesgrenzen hinaus.

Unterstützung fanden die jungen Avantgardisten bei aufgeschlossenen Museumsleuten, Kunsthistorikern, Galeristen und Sammlern. Damit schrieben sie Kunstgeschichte: Während die offiziellen Salonausstellungen inzwischen vollkommen in Vergessenheit geraten sind, blieben die Aktivitäten der legendären modernen Künstlergruppen bis heute in Erinnerung.

Das Ehepaar Macke mit dem Sammler Bernhard Koehler während eines Waldspaziergangs, Berlin 1908

MÄZEN DER MODERNE

Wie finanzieren sich alle diese unterschiedlichen Ausstellungen und Projekte, bei denen nur wenige Bilder verkauft werden? Wer zahlt die Transporte, den Druck und Versand von Einladungskarten und Katalogen? Heute, wo jedes Bild von Nagel zu Nagel versichert ist und mit professionellen Kunstspeditionen zu Ausstellungen rollt oder fliegt, müssen uns die damaligen Bedingungen geradezu abenteuerlich erscheinen. Die Bilder werden vom Keilrahmen gelöst, zusammengerollt und in der Regel mit der Post verschickt und erst vor Ort gerahmt. Für die Abbildung in den damals eher beiläufigen, kaum gestalteten und schmal bebilderten Kataloghеftchen müssen die Künstler oftmals selbst aufkommen, der Galerist finanziert die Katalogproduktion, häufig mit Unterstützung, die er sich wiederum von außen holt.

Ohne den wohl bedeutendsten Sammler und Mäzen expressionistischer Kunst vor 1914, ohne Bernhard Koehler (1849–1927) wären weder der *Almanach*, noch die Ausstellung *Der Blaue Reiter*, wären weder der *Herbstsalon* noch viele weitere Projekte der jungen Avantgardekünstler zu realisieren gewesen. Der reiche Industrielle und Großonkel von Mackes Frau finanziert nicht nur Mackes Reisen nach Paris und Tunesien, auch der größte Teil von den Verkäufen, die Macke zu Lebzeiten tätigt, geht in die beeindruckende Sammlung nach Berlin. Allein sieben Gemälde kauft der Mäzen auf Mackes erster großer Einzelausstellung im Jahr 1912 in der Münchener Galerie Thannhauser. Macke hat über seine damalige Freundin und spätere Ehefrau Bernhard Koehler schon 1907 kennengelernt. Zwischen dem Sammler alter Kunst und dem jungen, sich gerade in Richtung Moderne orientierenden Künstler ist vor allem während Mackes Aufenthalt als Schüler von Corinth in Berlin eine Freundschaft auf der Basis gegenseitiger Wertschätzung entstanden. Von Mackes Begeisterung über die Moderne angesteckt und von der Ernsthaftigkeit des sich immer avantgardistischer entwickelnden Künstlers beeindruckt, strukturiert Koehler seine Kunstsammlung, die zunächst vor allem

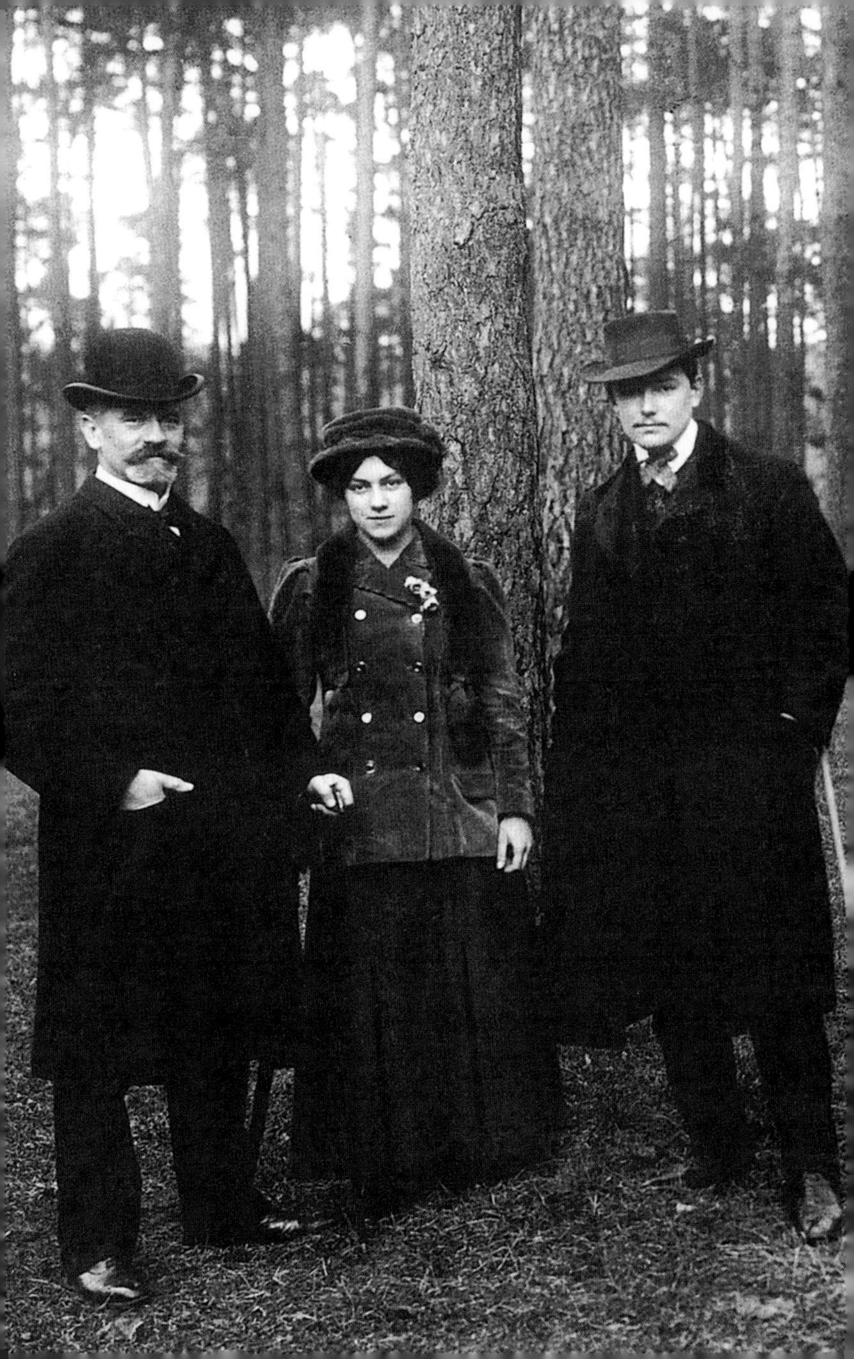

ältere Kunstwerke und Miniaturen umfasst, vollständig um. Erste Werke französischer Impressionisten erwirbt er auf einer gemeinsamen Reise nach Paris zusammen mit Macke, der als künstlerischer Berater für ihn tätig ist. Macke gelingt es, Koehler um 1911 auch für die heftig umstrittene expressionistische Kunst zu begeistern. Einzelne Künstler wie Franz Marc und Heinrich Campendonk unterstützt Koehler mit monatlichen Fixbeträgen, die diesen Künstlern erst ein sorgenfreies, konzentriertes künstlerisches Arbeiten ermöglichen. Im Gegenzug erhält der Sammler ein entsprechendes Konvolut an Kunstwerken. Die Berliner Sammlung wird immer umfangreicher, sodass Koehler in seinem Wohnhaus zu der bereits vorhandenen eine weitere Galerieetage einrichtet. Heute befindet sich der Teil der Sammlung, der die Bombenangriffe des Zweiten Weltkriegs auf Berlin überstanden hat, beziehungsweise rechtzeitig ausgelagert wurde, im weltberühmten Münchener Lenbachhaus, gestiftet von Koehlers Sohn, der die Sammlung im Geist des Vaters nach dessen Tod 1927 weiterführte. Von den etwa 400 Werken von über 90 Künstlern, die die Sammlung nach heutiger Kenntnis umfasste, hat lediglich etwas mehr als ein Viertel den Krieg überstanden. Einige Bilder gelten bis heute als verschollen. Andere befinden sich als Beutekunst in russischen Museen.

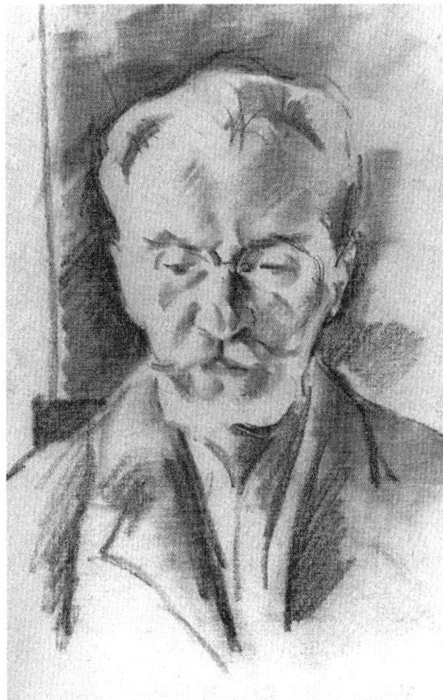

Porträt Koehler, 1914, Bleistift auf Papier

Der Künstler als Entwerfer

Bilder und kunsthandwerkliche Gebrauchsgegenstände sind für Macke Ausdruck einer „Form von Leben" und gehören eng zusammen. Könnten wir Macke in seinem Atelier über die Schulter schauen, so würden wir ihn nicht nur an der Staffelei, sondern auch an der Hobelbank antreffen, beim Bemalen von Porzellan, Entwerfen von Stickereien oder Ähnlichem. Erste Stickmuster hat Macke bereits 1905 entworfen – aus Unzufriedenheit über die althergebrachten Motive und Formen. Die Entwürfe für die Stickereien zeichnet er direkt auf dem Stoff vor. Elisabeth, ihre Mutter und Großmutter und später auch das Hausmädchen Anni führen die Arbeiten aus. Anlässlich seines Vortrages im Kölner Gereonsclub im Jahr 1911 trägt Elisabeth sogar ein Reformkleid nach seinen Entwürfen. Außerdem gestaltet Macke Türbeschläge, Büffettstützen und Schmuck – von den nach eigenen Entwürfen gefertigten Möbeln, Kissen und Teppichen für die eigene Wohnung war bereits die Rede.

Abstraktes Muster III, vor 1914, Kissen,
gestickt von Elisabeth Macke, Durchmesser 36 cm

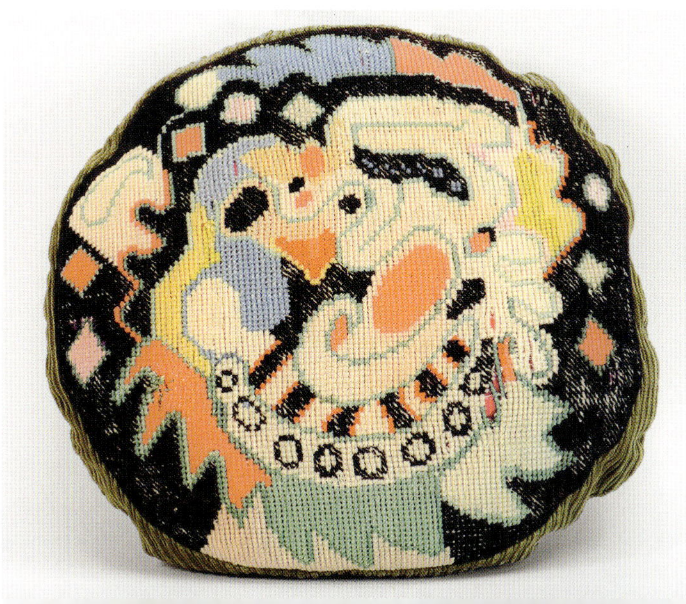

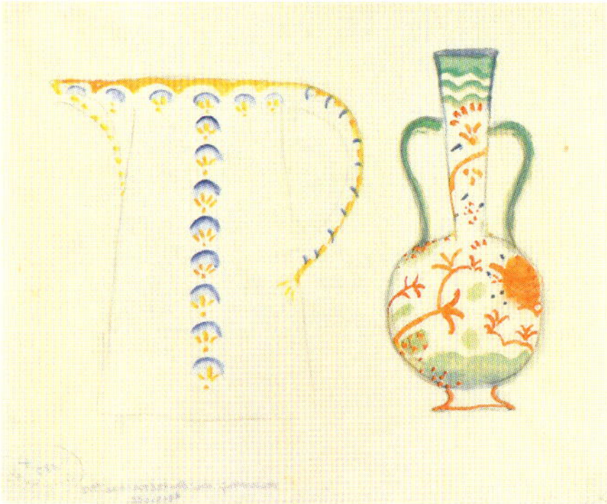

Henkelkrug und Henkelkanne, Entwurf, 1912, Aquarell auf Pauspapier, 27 x 32 cm

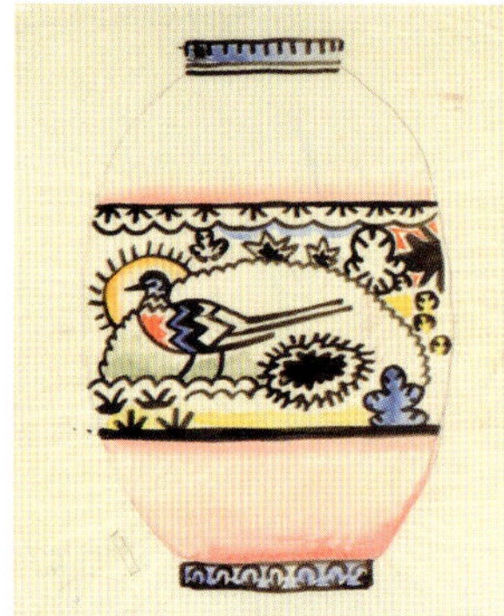

Vase mit Vogel II, 1912, Aquarell, Bleistift auf Pauspapier, 32 x 27 cm

Auch für kommerzielle Zwecke sollen neue, modern gestaltete Produkte den Zeitgeist spiegeln, statt überlieferte, nicht mehr zeitgemäße, historistische Muster aufzugreifen. Die Reformbewegung des Werkbundes, 1907 als Organisation zur Durchsetzung modernen Designs gegründet, trat als Vermittler an die Nahtstelle zwischen Kunst und Handwerk, zwischen Entwerfer und Hersteller. Wichtigstes Anliegen war es, Deutschlands Ruf, der im 19. Jahrhundert wegen der minderwertigen Qualität und der antiquierten optischen Erscheinung der Produkte gelitten hatte, wiederherzustellen. 1912 entwirft Macke auf Anregung einer regionalen Untergruppe des Werkbundes funktionales und modernes Alltagsdesign für Gebrauchsgeschirr, das in der Bonner Porzellanmanufaktur Mehlem für den Exportmarkt hergestellt wird. „Ich mache jetzt in Porzellan“, schreibt Macke lapidar an seinen Mäzen Koehler nach Berlin. Macke widmet sich diesen angewandten Ideen mit großer Begeisterung und fährt dafür über drei Monate lang jeden Tag in die Firma, um vor Ort zusammen mit den Angestellten zu arbeiten. Einen Eindruck der ausgeführten Produkte liefern die zahlreich erhaltenen, aquarellierten Vorlagen auf Pauspapier. Macke probiert die unterschiedlichsten Dekore immer wieder an den gleichen, schlichten Gefäßformen aus. Zugleich schwebt ihm vor, die Idee der Einheit von Kunst und Leben weiterzuvermitteln. Und so entwickelt er zusammen mit dem Freund Campendonk das Konzept für eine Schule, die Kunst und Kunsthandwerk auf ganz neue Art vereint. Mangels ausreichender finanzieller Unterstützung zerschlägt sich das Projekt, sonst hätte ein Vorläufer der später so berühmten Bauhaus-Akademie schon vor Beginn des Ersten Weltkrieges in Köln existiert – zumindest, was die Verbindung freier und angewandter Kunst in der Ausbildung betrifft. Er sei ein „neuer Stern am Himmel des Kunstgewerbes", konstatiert sein Vetter Helmuth Macke, der in den 1920er-Jahren selbst Möbel und Keramiken dekorieren wird.

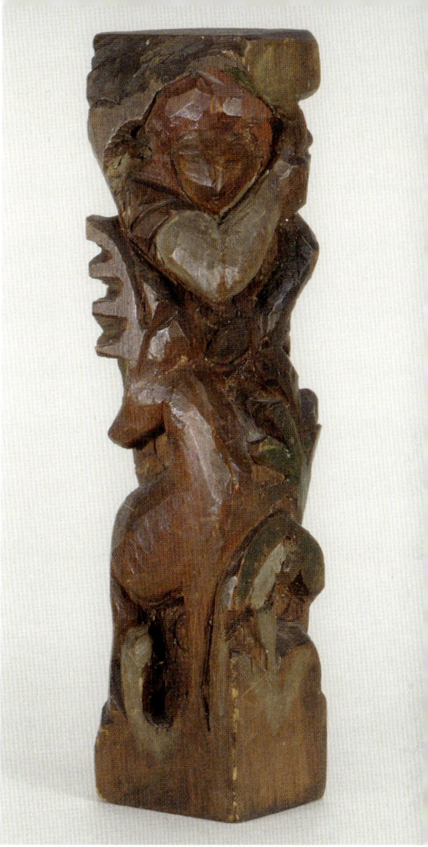

Frau mit Hirsch, 1912, Büfettstütze, Holz, farbig gefasst, Höhe 34,5 cm

1913 erhält Macke einen bedeutenden Auftrag, der seine Vorreiterrolle auf dem Sektor der Gestaltung honoriert. Für einen geplanten Teesalon mit drei Gasträumen in unmittelbarer Nähe des Kölner Doms überträgt die Familie Worringer ihm die räumliche Gesamtgestaltung, inklusive Möblierung und Lampendesign. Die Wandmalereien jedes Raumes sollen dabei je ein anderes Thema aufgreifen. Farbige Skizzen und zahlreiche Entwürfe vermitteln ein Bild von Mackes Konzeption, die wegen des Ausbruchs des Ersten Weltkriegs nicht realisiert wird.

Kunsthandwerkliche Reformbewegung

Industrialisierung und Verstädterung veränderten das Leben der Menschen in der Gründerzeit radikal. Während die Arbeiter unter elenden Bedingungen in den sprichwörtlichen Mietskasernen existieren mussten, entwickelte das aufstrebende Bürgertum ein erhöhtes Repräsentationsbedürfnis. Vor allem die erfolgreichen Unternehmensgründer suchten nach Möglichkeiten einer adäquaten Ausgestaltung der eigenen Lebenswelt. Die historistischen Möbel und Einrichtungsgegenstände mit ihren epigonalen Stilelementen von der Romanik bis zum Barock waren zu billiger und minderwertiger Massenware verkommen. Dies wurde auch auf internationalen Messen und Ausstellungen wahrgenommen: „Made in Germany" war ein von den Engländern eigens eingeführter Hinweis, der potenzielle Käufer vom Erwerb der Ware abhalten sollte. Eine grundlegende Reformierung war deshalb auch aus Wettbewerbsgründen dringend geboten. Die neu entstandenen Kunstgewerbemuseen und Kunstgewerbeschulen sollten den Umschwung vorantreiben. Ausstellungen und Vorträge dienten darüber hinaus als Instrumente einer ästhetischen Erziehung.

Bürgerliches Wohnzimmer im Stil des Historismus, um 1900

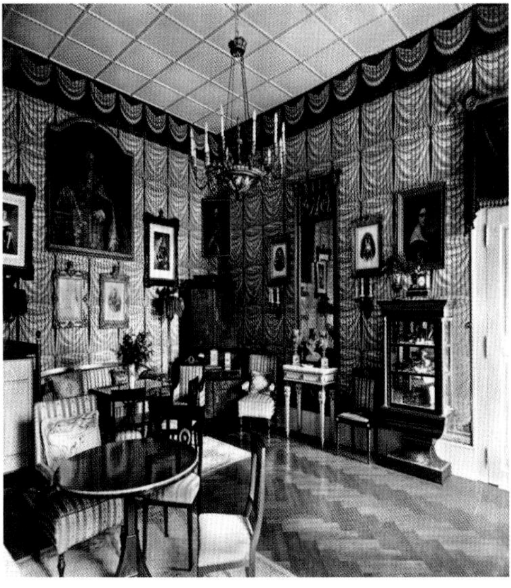

Der Werkbund wurde 1907 als eine Organisation von „Künstlern, Architekten, Unternehmern und Sachverständigen" gegründet, um modernes Produktdesign zu entwickeln, und stellte einen bedeutenden Schritt auf dem Reformweg dar. Der Jugendstil mit seinen pflanzlichen Orna-

Wohn- und Empfangszimmer mit sogenannten Maschinenmöbeln von Richard Riemerschmid, 1906. Aus: *Kunstgewerbeblatt. Vereinsorgan der Kunstgewerbevereine*

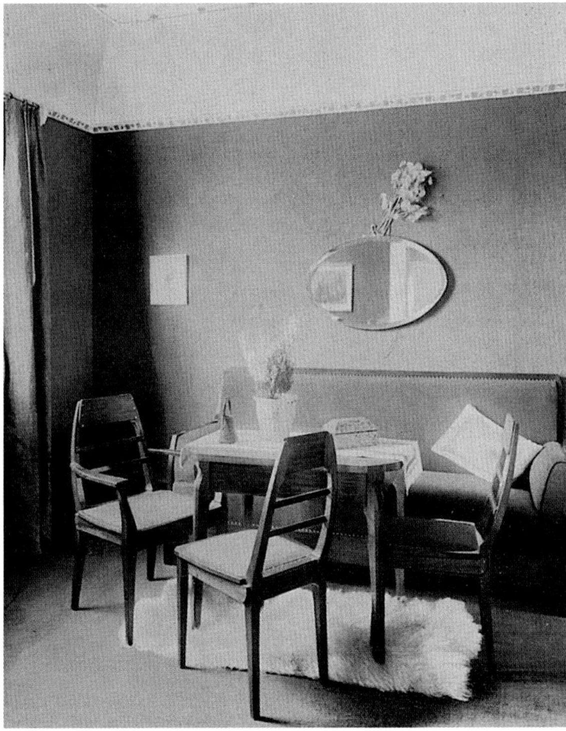

menten war Teil dieser Veränderungen, wandte sich von den historistischen Formen ab und schuf einen einheitlichen Stil für alle Lebensbereiche. Auch die jungen Avantgarde-Künstler der expressionistischen Generation legten Wert auf eine Verflechtung von Kunst und Leben und eine Gestaltung beider Bereiche nach ihren künstlerischen Vorstellungen. In Zusammenarbeit mit Handwerk und Industrie sollten qualitätvolle Gebrauchsgüter entworfen und – überwiegend für den Export – produziert werden. Deshalb wurden junge Künstler wie etwa August Macke auf Vermittlung des Werkbundes mit gestalterischen Aufgaben betraut. Auf der Werkbund-Ausstellung 1914 in Köln wurden die neuen Ideen und Ergebnisse erstmals in großem Rahmen präsentiert.

Das Kunstwerk
ist ein Gleichnis,
es ist der Gedanke,
der selbständige
Gedanke des
Menschen,
ein Gesang von
der Schönheit
der Dinge.

August Macke, 1913

Irdisches Paradies

Macke ist ein Künstler, der sein Dasein im Familienkreis als Glück betrachtet und Leben und Kunst als ein „Durchfreuen der Natur" begreift. Mit seiner positiven Haltung findet er einen persönlichen Schlüssel für seine Kunst, die vor allem in den Bonner Jahren ihre ganz eigene Ausprägung findet. Als Ausdruck dieser Lebenseinstellung, die auf seine Weltsicht abfärbt, entwirft er in seinen Bildwelten varianten- und facettenreiche Darstellungen des irdischen Paradieses.

Kinder im Garten, 1912, Öl auf Leinwand, 89,2 x 71,1 cm

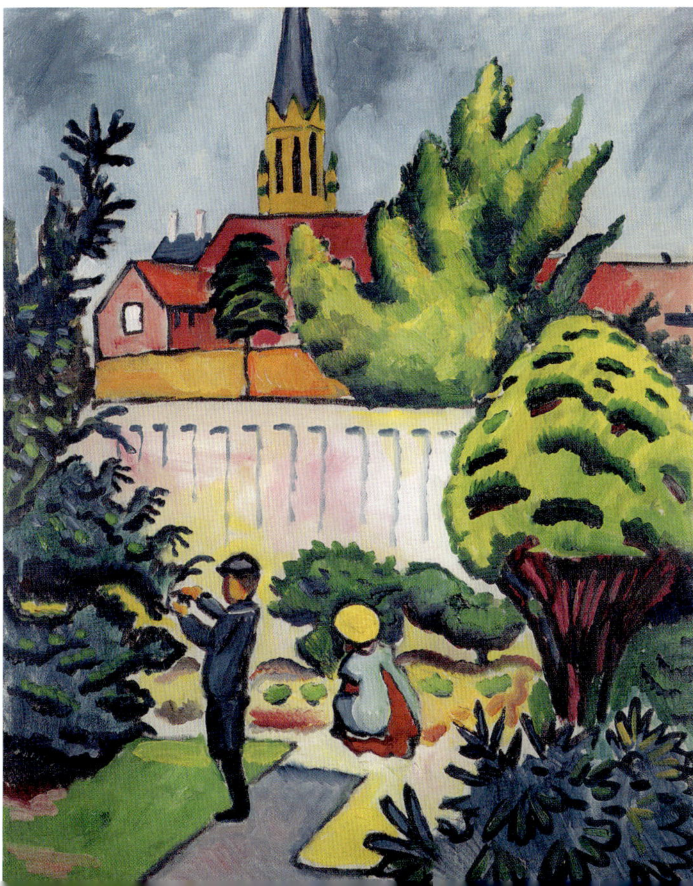

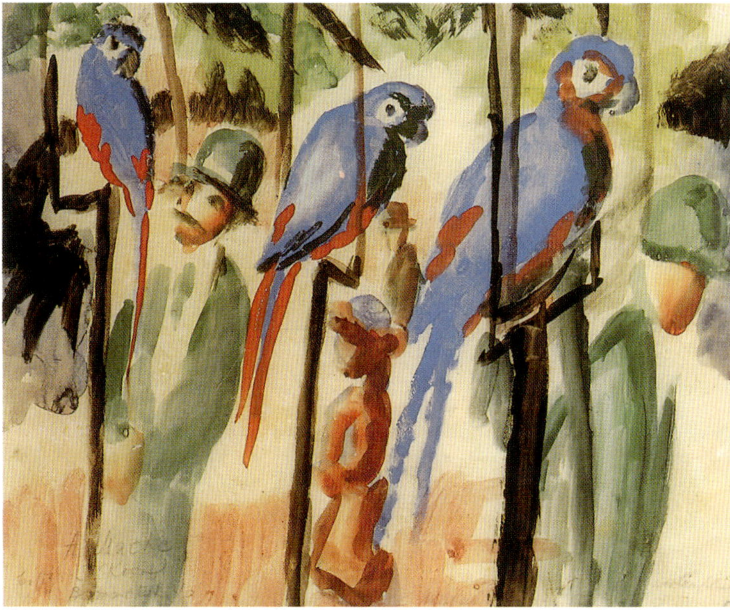

Bei den Papageien, 1914,
Aquarell und Deckfarben, 27 x 32 cm

Seine Werke erweisen sich als die Visionen eines harmonischen Weltzustandes und werden als „Gesang von der Schönheit" zu einem Gegenentwurf einer durch technische Neuerungen und Industrialisierung geprägten Zeit.

Der Alltag, die eigene Lebenswelt und persönliche Erlebnisse werden bei Macke zum Ausgangspunkt dieser idyllischen Szenerien. Während auf den großen Weltausstellungen des 19. Jahrhunderts die Südsee oder der Orient als ferne Sehnsuchtsorte lokalisiert werden, verlegt Macke sein irdisches Paradies in das Diesseits der realen Welt. Dabei sucht er neue Motive in der unmittelbaren Umgebung und verknüpft diese mit althergebrachten Bildideen wie beispielsweise in seinen Gartenbildern. Der mittelalterliche Maler zeigte die Madonna mit dem Jesuskind sowie Engeln und Heiligen als Spielgesellen im Paradiesgarten oder *hortus conclusus* als Metapher für die Jungfräulichkeit Mariens. Macke überträgt die mittelalterliche Gartensymbo-

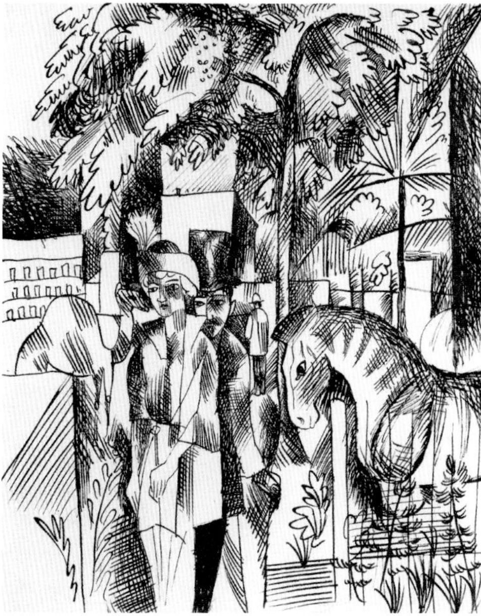

Im Zoologischen Garten, 1913/14,
Tusche, Feder auf Papier, 24 x 19 cm

lik in das Heute und in den Alltag. In seinen Gartenbildern wird die turbulente Welt, alles Unheilvolle, Zerstörerische vom intimen, privaten Bereich abgeschottet. Der Garten wird somit zum Ort der Muße und des Wohlbehagens, zu einem ganz realen Idyll.

In Mackes Bildern von zoologischen Gärten sind Mensch und Tier als harmonische, ursprüngliche Einheit aufgefasst. Die Tierparks mit ihren fremden Tieren aus fernen Ländern und deren oftmals im jeweiligen Landesstil realisierten architektonischen Behausungen stellen für den Bürger der damaligen Zeit ein exotisches Paradies im Miniaturformat dar, eine Flucht aus dem Alltag. Macke bildet diese Zoowelt nicht ab: Von der Realität abstrahierend, schafft er etwas Neues, das jenseits der Alltagserfahrung liegt. Indem er Käfige und Zäune auf rhythmische Strukturen reduziert und Mensch und Tier in enger Zuwendung miteinander zeigt, entwirft er ein modernes Arkadien, einen neuen Garten Eden. Vor allem aber zaubert er durch die leuchtenden, zusammenklingenden Farben und aufeinander abgestimmten dekorativen Formen eine harmonische Struktur, die das Bildthema gestalterisch untermauert.

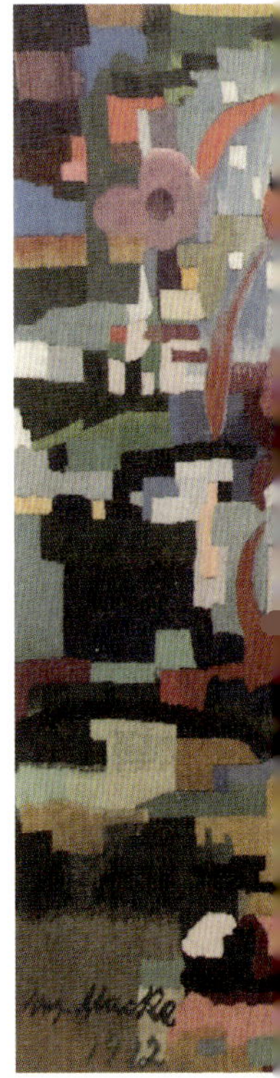

GEGEN EIN TABU: KINDER UND LIEBESPAARE

Teil dieser idyllischen Paradieswelt sind auch Mackes Liebespaare und Familienszenen. Das harmonische Miteinander der Eheleute, wie es in Mackes Bildern erscheint, die gegenseitige Fürsorge und der Respekt voreinander sind in der damaligen Zeit in bürgerlichen Kreisen nicht selbstverständlich. Liebesheiraten sind damals eher die Ausnahme, geschäftliche Verbindungen, Ansehen und gesellschaftliche Reputation stattdessen, vor allem in Adelskreisen, die bestimmenden Faktoren. Wenn Macke in seinen Werken die innige Zuwendung seiner Paare den Blicken der Öffentlichkeit deutlich preisgibt, überschreitet er wie etwa in seinem großen Wandteppichentwurf ein gesellschaftliches Tabu. Dabei verwendet er mit der Darstellung der hockenden Figuren neue Formen, die er aus dem Orientalischen entlehnt und die ihm dazu dienen, die tiefe Verbindung des Paares sinnbildlich vor Augen zu führen. Zudem verschränkt er eigene Erfahrungen mit überlieferten Symbolen, sodass die Bedeutungen von mittelalterlichen Hochzeitsbildern nur noch ganz hintergründig mit in die Komposition hineinwirken. So ist der Hund ein altes Zeichen für Treue, aber zugleich Mackes eigener Hund. Und das Liebespaar in der innigen Zuwendung inmitten des abstrakten Naturraumes nicht nur eine Metapher für das Verlorene und wiedergefundene Paradies, für die Liebe an sich, sondern zugleich ein Abbild der eigenen Liebe zu seiner Frau Elisabeth.

Seine beiden Söhne bildet er immer wieder in der klassischen Gattung des Porträts ab. Außergewöhnlich sind bei Macke jedoch die zahlreichen Darstellungen von spielenden Kindern oder Stillleben

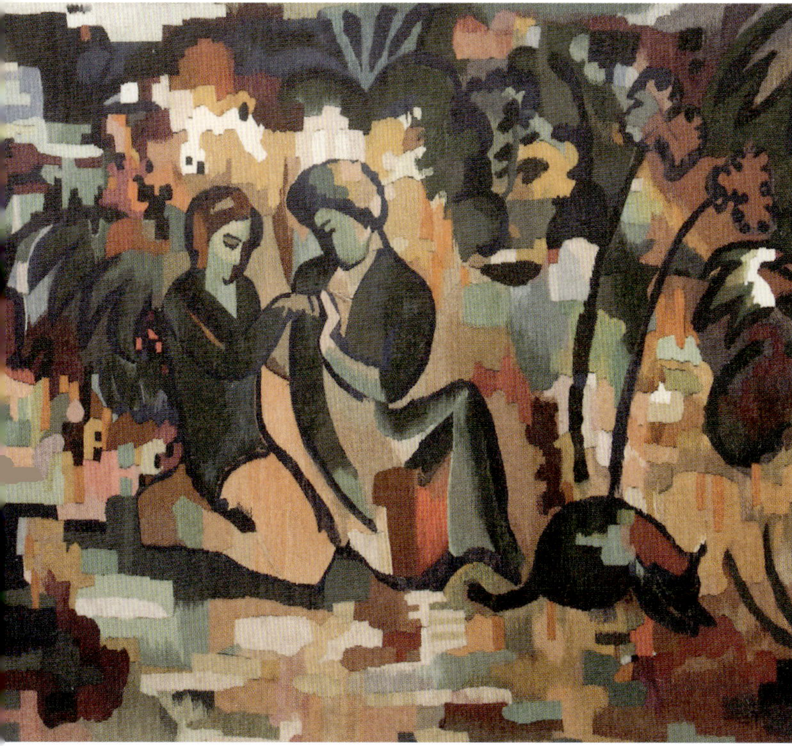

Orientalisches Liebespaar, 1912, Wandteppich, gewebt nach einem Entwurf von August Macke, 1960, 131 x 198 cm

Ein Hund als Zeichen der Treue. Weil seine Schwiegermutter mit ihrer großzügigen Unterstützung am Glück der Familie und dem Wirken Mackes großen Anteil hat, erhält sie den großen, vom flimmernden Licht durchfluteten Entwurf dieses Wandteppichs als Geschenk. Erst 1960 wird er dann tatsächlich als Wandteppich von der holländischen Weberin Joke Haverkom ausgeführt.

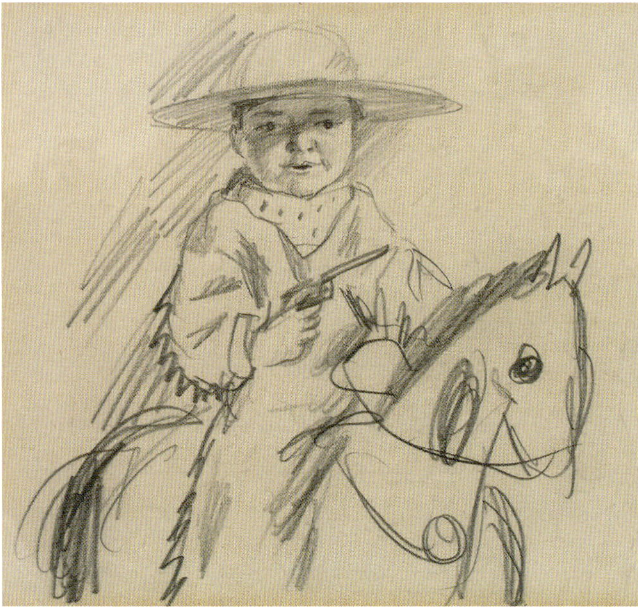

Walter als Cowboy, 1913, Bleistift, 16 x 17,5 cm

mit Kinderspielzeug. Er zeigt die Kinder beim Spielen, mit Puppen, auf dem Schaukelpferd reitend und damit ganz unmittelbar in einer familiären, intimen, ganz alltäglichen Situation. Hierin spiegelt sich die veränderte Einstellung gegenüber überlieferten Familienhierarchien, wie sie die schwedische Reformpädagogin Ellen Key mit den für damalige Verhältnisse provokanten Thesen in ihrer Schrift *Das Jahrhundert des Kindes* 1902 postuliert. Wie Key definiert Macke die Kinder nicht als kleine Erwachsene, die in beengender Kleidung und in posenhafter Erstarrung die bürgerliche Etikette verkörpern, wie es zu seiner Zeit in den offiziellen Bildaufträgen oder vom Fotografen aufgenommenen Familienporträts noch immer üblich ist. Macke bildet sie vielmehr in ihrer natürlichen Unbefangenheit ab, vermittelt ihre kindliche Neugier und zeigt sie ihren altersgemäßen Bedürfnissen nachgehend.

Künstlerischer Wendepunkt

„DIE RAUMBILDENDEN ENERGIEN DER FARBE“

Selbstbewusst, überaus engagiert und allem Neuen gegenüber aufgeschlossen, hat Macke sich einen Namen in der modernen Kunstszene gemacht. Viele Künstlerkollegen schätzen ihn sehr, auch wenn das breite Publikum seine Werke als zu modern ablehnt. Als einer der wichtigsten Wegbereiter avantgardistischer Kunst verwendet er anfangs in Bonn enorm viel Zeit, um dem Expressionismus gegen konservative Hemmnisse ein Forum zu schaffen. Bei der ganzen kunstpolitischen und kunsthandwerklichen Tätigkeit fehlt die Zeit zum Malen, aber durch Besuche in Künstlerateliers und Ausstellungen erhält Macke unentwegt neue Anregungen. Diese möchte er nun endlich verarbeiten, seine eigene Kunstentwicklung weiter vorantreiben. Ganz besonders das Werk seines französischen Künstlerfreundes Robert Delaunay (1885–1941) erscheint ihm da wegweisend. Dessen Werke hat er erstmals in der Ausstellung des Blauen Reiters gesehen, anschließend bei seinem Besuch im Atelier des französischen Künstlers in Paris, in der großen Delaunay-Ausstellung, die er selbst an den Kölner Gereonsclub vermittelt hat, und zuletzt in der von ihm mitorganisierten Schau des *Ersten Deutschen Herbstsalons* in Berlin. Ganz begeistert war er von den „sonnendurchleuchteten Fensterscheiben“. Der Besuch des Franzosen in Bonn im Januar 1913, gemeinsam mit dem berühmten Dichter Guillaume Apollinaire, hatte die Freundschaft der beiden Künstler begründet, die fortan in einem regen Briefwechsel miteinander stehen. Aufgrund der Begeisterung für die prismatische Farbwelt Delaunays legt Macke Bernhard Koehler ans Herz, Arbeiten des Künstlers zu erwerben. Zwei Arbeiten, darunter ein Eiffelturmbild, finden Eingang in die Sammlung seines Mäzens.

Um in Ruhe arbeiten und die inspirierenden Anregungen verwerten zu können, beschließt Macke, das trubelige Rheinland zu verlassen und mit seiner Familie nach Oberhofen in die Schweiz zu ziehen. Die Wohnung im Haus Rosengarten ist unmittelbar am Thuner See gelegen, gegenüber dem beeindruckenden Panorama von Niesen und Stockhornkette; bei gutem Wetter sind sogar Eiger, Mönch und Jung-

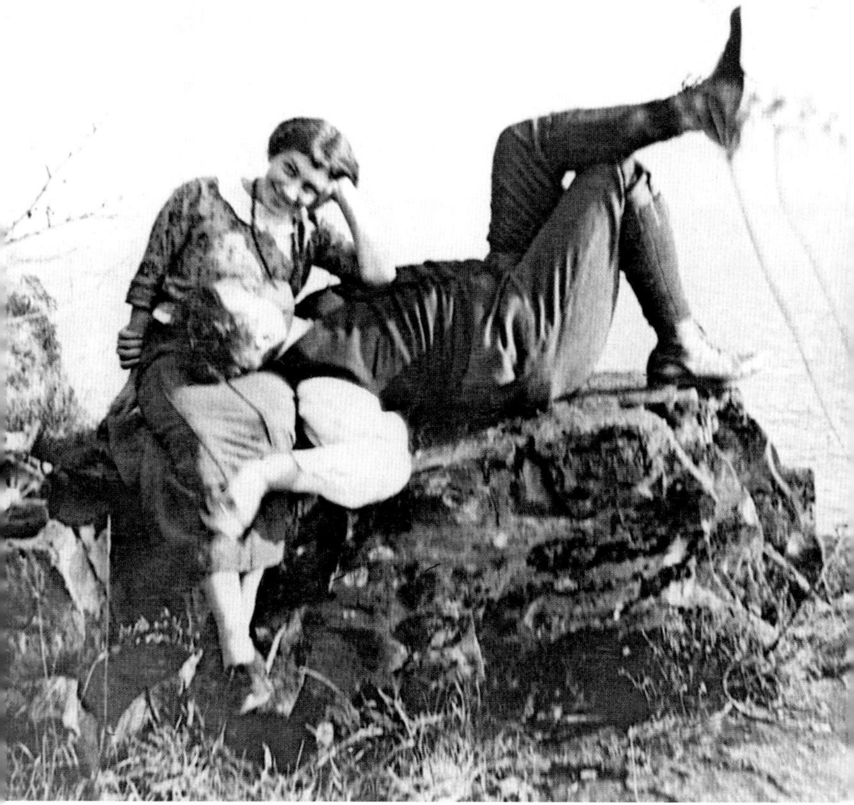

August und Elisabeth am Thuner See, 1913/14

frau zu sehen. Am Thuner See lockt auch die Nähe zu Louis und Hélène Moilliet im nahe gelegenen Gunten. Seit der ersten Begegnung anlässlich der Hochzeitsreise von August und Elisabeth nach Bern sind die beiden Künstler eng befreundet. Den Höhepunkt der Freundschaft bilden nun der gemeinsame künstlerische Austausch am Thuner See, die Arbeit im Atelier, aber auch die Segel- und Skitouren sowie die Ausflüge in das nahe Thun. Es ist eine paradiesische Zeit, wie Elisabeth rückblickend festhält, unbeschwert, ruhig und anregend. Macke genießt das familiäre Zusammensein, die Konzentration auf Malerei und Familie, ohne die Hektik der Kunstpolitik, der ständigen Besuche und des unermüdlichen Organisierens.

Die raumbildenden Energien der Farbe zu finden, statt sich mit einem toten Helldunkel zufrieden zu geben, das ist unser schönstes Ziel. August Macke, 1914

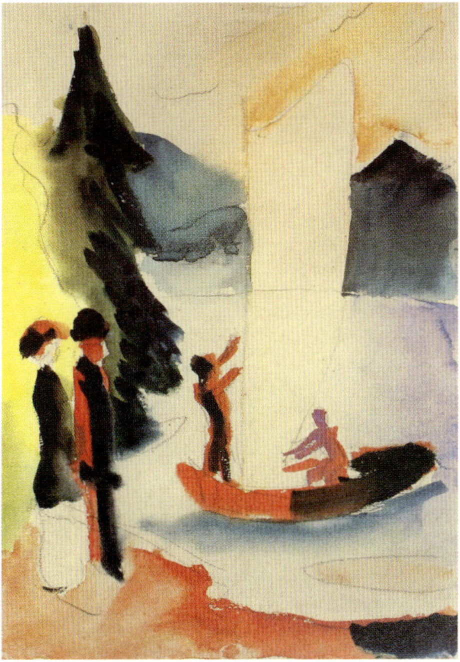

Gelbes Segel, 1913, Aquarell über Bleistift auf Papier, 25 x 16 cm

Mit dem Aufenthalt am Thuner See verändert sich Mackes Malweise zu einer eigenständigen Kunstsprache, zu dem, was uns heute als „typisch Macke" erscheint. Ist es ihm um 1907/08 als Errungenschaft erschienen, in der Natur selbst zu malen, um ihre atmosphärische Erscheinungswelt unmittelbar im Bild einzufangen, so verfolgt er nun das genaue Gegenteil. „Er skizziert oft draußen und malt dann auswendig, stellt sich Sachen zusammen", berichtet Elisabeth an ihre Mutter. Die Aufgabe der Kunst hat sich für Macke verändert und damit auch die künstlerische Vorgehensweise. Die Natur als erlebte Erfahrung bleibt zwar Ausgangspunkt – er hält das Gesehene in unendlich vielen Skizzen fest –, aber er verändert und kombiniert verschiedene Motive eigenständig und unabhängig von der Realität. Indem er die Bilder aus Einzelformen wie eine gemalte Collage komponiert, entstehen neue, eigenständige Bildwelten nach seinen Vorstellungen. Macke inszeniert gleichsam die Wahrnehmung. Die Bildwelten wirken realistisch, sind aber fiktiv. Erst mit der freien Handhabung der künstlerischen Stilmittel hält Macke jetzt das entscheidende künstlerische Rüstzeug in der Hand: die Befreiung von der abbildhaften Wirklichkeit der Formen und der Erscheinungswelt der Farbe.

MALER DER MODERNE

Trotz der idyllischen Anmutung und heiteren Buntheit seiner Bilder von städtischen Szenerien, von Paaren und Passanten, erweist sich Macke als ein Maler der Moderne. Das Neue steht für Macke gleichwertig neben dem Alten, ist kein Fremdkörper, sondern Metapher. Die Gartenbilder, Darstellungen der zoologischen Gärten und Liebespaare zeigten schon ein neues Bildprogramm. Gleichermaßen trifft

Modegeschäft im Laubengang, 1913,
Aquarell über Bleistift auf Papier, 45,3 x 57 cm

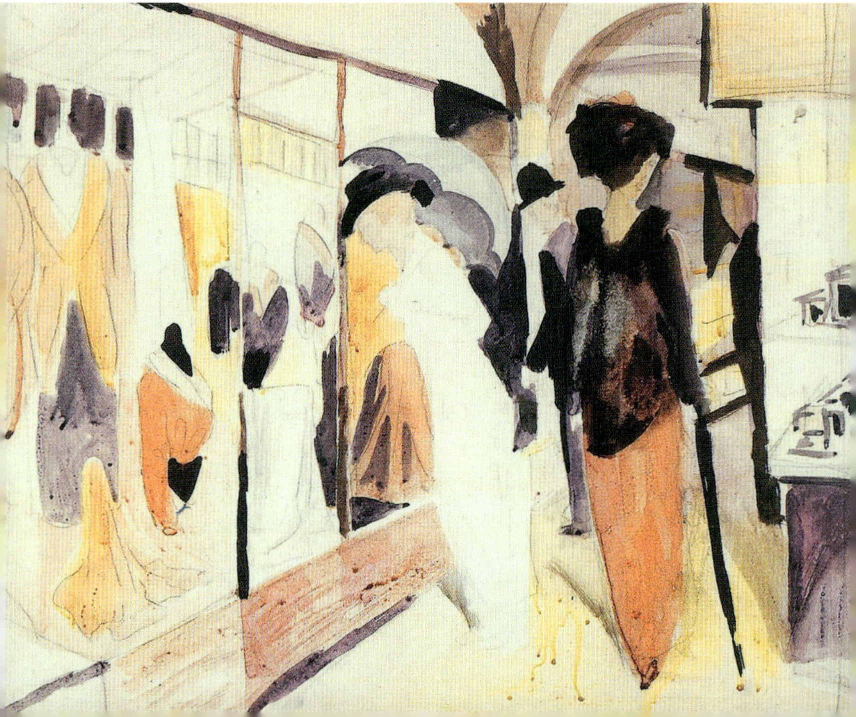

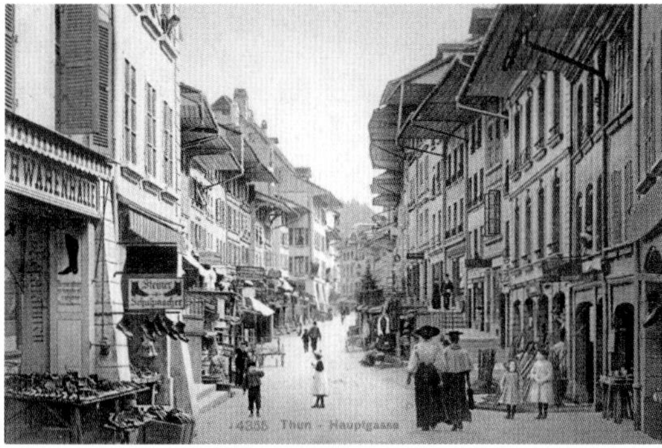

Thuner Hauptstraße,
Postkarte, um 1910

das auf Mackes Szenen aus dem städtischen Leben zu. Die hinter den Arkaden situierten Thuner Geschäfte tauchen wiederholt in Mackes Bildern auf. Das einfallende Licht wird von den Schaufensterscheiben reflektiert und lässt innen und außen verschmelzen. Motivisch wie in der prismatischen Zerlegung der Formen und Farben ist hier der Einfluss seines Künstlerfreundes Robert Delaunay deutlich nachvollziehbar. Macke übersetzt die Abstraktionen des Franzosen jedoch in kontemplative, heitere Bildwelten. Indem er die bürgerliche Frau als eigenständige Persönlichkeit ganz bewusst im öffentlichen Raum zeigt, trägt er dem veränderten Rollenbild zu Beginn des 20. Jahrhunderts Rechnung und bildet die zunehmende Präsenz der Frau im öffentlichen Leben als selbstverständlich ab. Die auffallende Farbigkeit von Mackes Arbeiten ist Ausdruck des Lebens und der Lebendigkeit. In einer Welt, in der in Wirklichkeit gedämpfte, eher triste Grautöne in Fassaden und Stadtbild vorherrschen, ist diese Buntheit symbolisch zu lesen. In der Mode wie in keinen Dingen des Alltags sonst, war Farbe ein wesentliches Gestaltungsmittel, was Macke offensichtlich faszinierte.

Ein Kunstwerk muss gut gelogene Natur sein, eine gut getroffene Auswahl, ein Spiegel der Empfindungen.

August Macke, um 1912

Mackes Bildwelten sind ein Spiegel der rasenden Veränderungen seiner Zeit, des sich beschleunigenden Lebens, der Industrialisierung, der überall aus dem Boden sprießenden Kinos, kurzum eines Jahrhundertbeginns, der die Welt veränderte. Dabei hadert der Künstler nicht mit den Auswirkungen der Moderne, sondern sieht seine Aufgabe als Künstler gerade darin, die Moderne durch eine neue Ästhetik mitzugestalten. Er zeigt nicht die negativen Folgen des Neuen, die Vereinzelung und Entfremdung, sondern die sich eröffnenden Möglichkeiten. So erscheinen spielende Kinder bei ihm in innigem Miteinander ganz versunken vor der Kulisse einer industriellen Hafenlandschaft, alles zu einem idyllischen Zusammenklang vereint, oder man sieht einen modernen, eisernen Gitterturm neben einer altehrwürdigen gotischen Kathedrale.

Harmonie und Lebensfreude verbinden sich auf ganz neuartige Weise in Mackes Bildgestaltung mit dem modernen Leben, in den Landschaften vom Thuner See ebenso wie in den Bildern von Spaziergängern und den Szenen aus dem städtischen Raum. Macke reagiert in der malerischen Umsetzung seiner Sujets, in dem dynamischen Bildaufbau und der rhythmischen Durchdringung von Formen und Farben auf die veränderte, technisierte, hektische städtische Welt zu Beginn des 20. Jahrhunderts. Die leuchtenden, glühenden Farben sind ein entscheidendes Ausdrucksmittel: Sie verbildlichen das Licht, suggerieren Raum und durch ihr spannungsvolles, lebendiges Nebeneinander sogar Bewegung. Zugleich macht sich Macke Gedanken darüber, wie der Betrachter das Bild wahrnimmt. Diese notiert er in sein Skizzenbuch, auf lose Blätter oder kleine Papierschnipsel. Die rhythmische Struktur des Bildes, so überlegt er, verlangt vom Auge des Betrachters eine Bewegung, da er das Bild nicht in einem einzigen Moment erfassen kann, sodass eine „Summe von lebendiger Bewegung“ entsteht. Bewegung wird nicht illustriert, wie es Macke selbst zwei Jahr zuvor am Futurismus noch faszinierte, sondern durch Farben und Formen im Bild gleichsam symbolisch zum Ausdruck gebracht. Die Rolle des Betrachters wird hinterfragt und dieser aktiv in die Bildbetrachtung miteinbezogen. Das alles ist ein ganz neuer künstlerischer Ansatz.

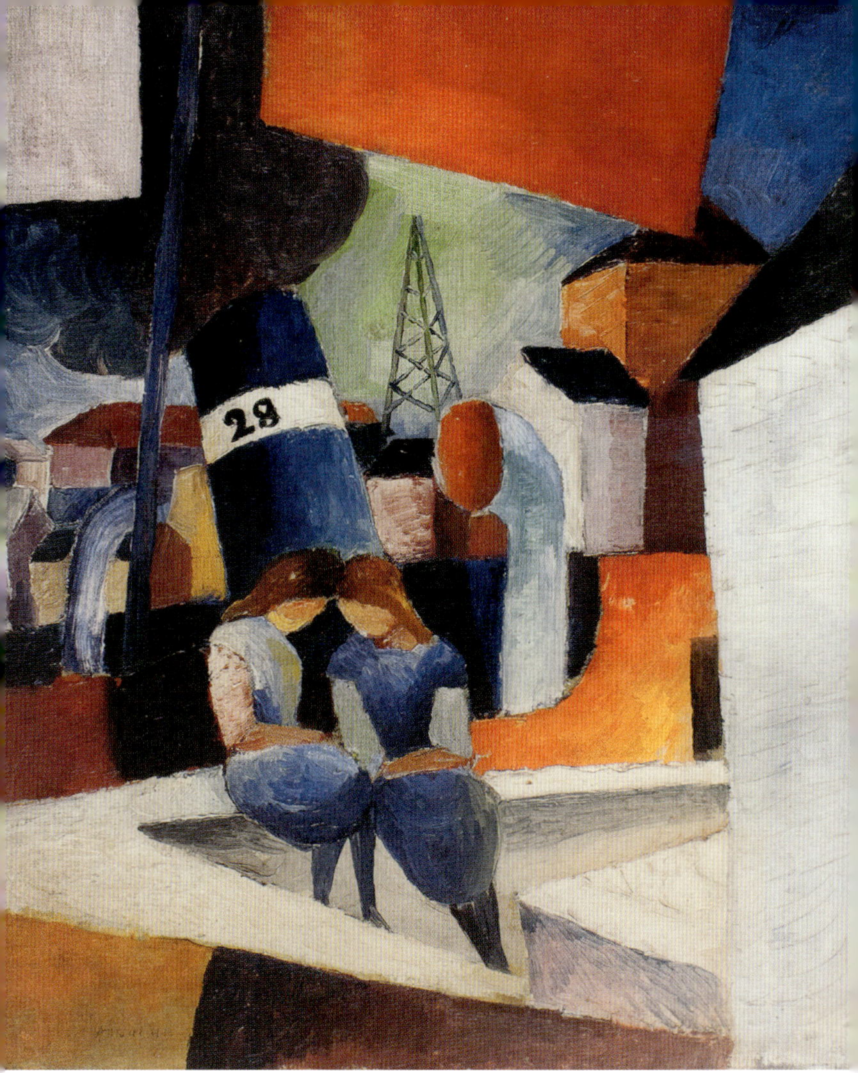

Kinder am Hafen I, 1914, Öl auf Leinwand, 48,5 x 42 cm

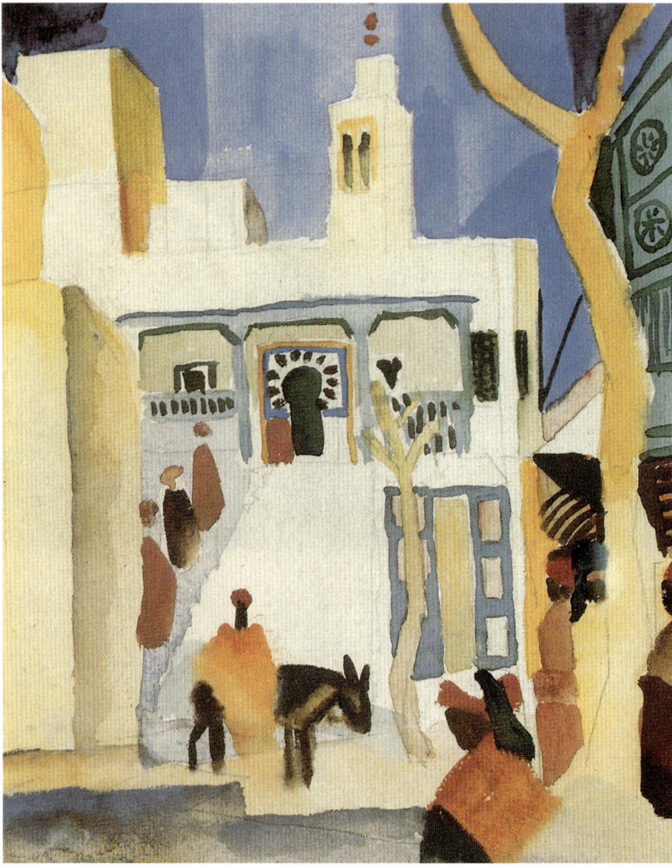

Blick auf eine Moschee, 1914, Aquarell über Bleistift, 26 x 20,5 cm

TUNIS

Die Weihnachtsfeiertage 1913 verbringt Familie Klee am Thuner See bei Paul Klees altem Schulfreund Louis Moilliet. Für die schon einmal verschobene Tunisreise sucht Klee Künstlerkollegen für einen anregenden künstlerischen Austausch. Moilliet, der bereits häufiger in Tunesien war – sein ganzes Apartment ist mit orientalischen Reiseerinnerungen ausgestattet –, soll unbedingt dabei sein. Als Klee und seine Frau, in Pelz gekleidet wie russische Großfürsten, so erinnert sich Elisabeth Macke, auch bei Macke in Oberhofen auftauchen, zeigt sich dieser von der Reiseidee sofort begeistert. Elisabeths Onkel Bernhard Koehler, der großzügige Mäzen aus Berlin, besucht die Familie im Februar am Thuner See und erklärt sich zur Finanzierung des Reise-Traumes bereit. Vierzehn Tage dauert die Orientfahrt im April 1914. Das südliche Licht, die exotischen Motive: Die Künstler fühlen sich wie im Märchen. Vieles von dem, was sie dort an Ursprünglichkeit noch erleben, ist inzwischen durch den Tourismus verloren gegangen: Es sind die neuen Bildthemen, es ist die exotische, fremde Welt, die vor allem Klee und Macke faszinieren.

Es geht wie der Teufel, und ich bin in einer Arbeitsfreude, wie ich sie nie gekannt habe.

August Macke, 1914

Während Moilliet nur wenig von der Reise profitiert, bedeutet die Tunisreise den größten Entwicklungsschritt für Klee: „Ich und die Farbe sind eins", notiert er in sein Tagebuch. Macke knüpft in Tunesien an das an, was er während der vorausgegangenen Monate am Thuner See entwickelt hat: Farben, Formen und Figuren zu einem autonomen, dekorativ-ausdrucksvollen und bewegten Bildmuster zu verschränken. Er befindet sich im Schaffensrausch und bringt unzählige Aquarelle, Skizzen und Fotografien mit. In den folgenden Monaten dienen sie ihm als Arbeitsgrundlage. Zurück von der Reise sichert Macke seinem Mäzen zu, „dass die Ausbeute dieser Reise Dich dafür entschädigen wird. Was das ist, weiß ich ja selbst noch nicht. Ein gemaltes fettes Haremsweib oder so was", schreibt Macke in dem für ihn typischen ironischen Tonfall. Tatsächlich malt er *Türkisches Café II*, ein Bild von faszinierender Leuchtkraft, für Koehler. Außerdem empfiehlt er: „Unsere Reise war ganz köstlich. Ich rate Dir dringend das auch mal zu machen. Es ist ganz kolossal interessant."

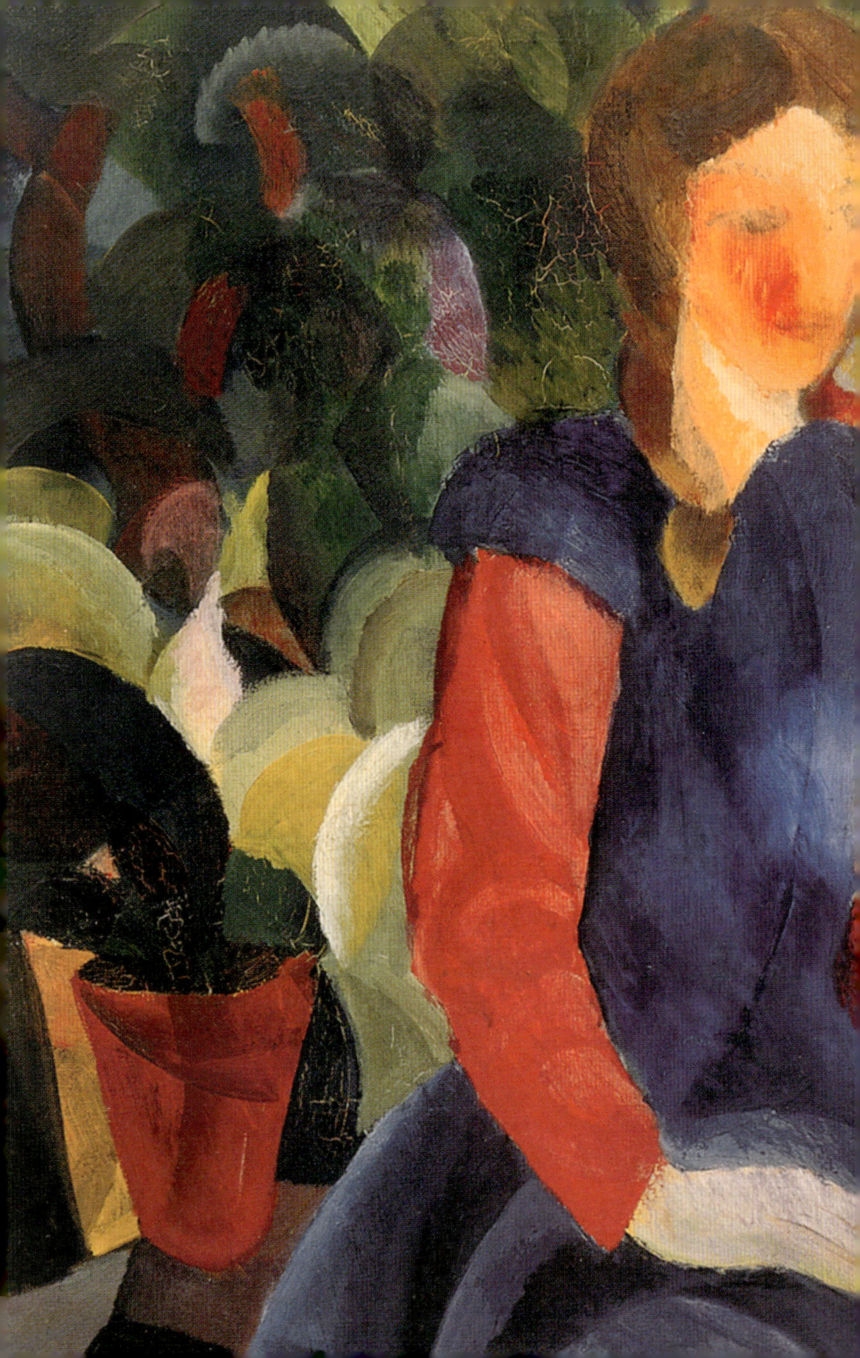

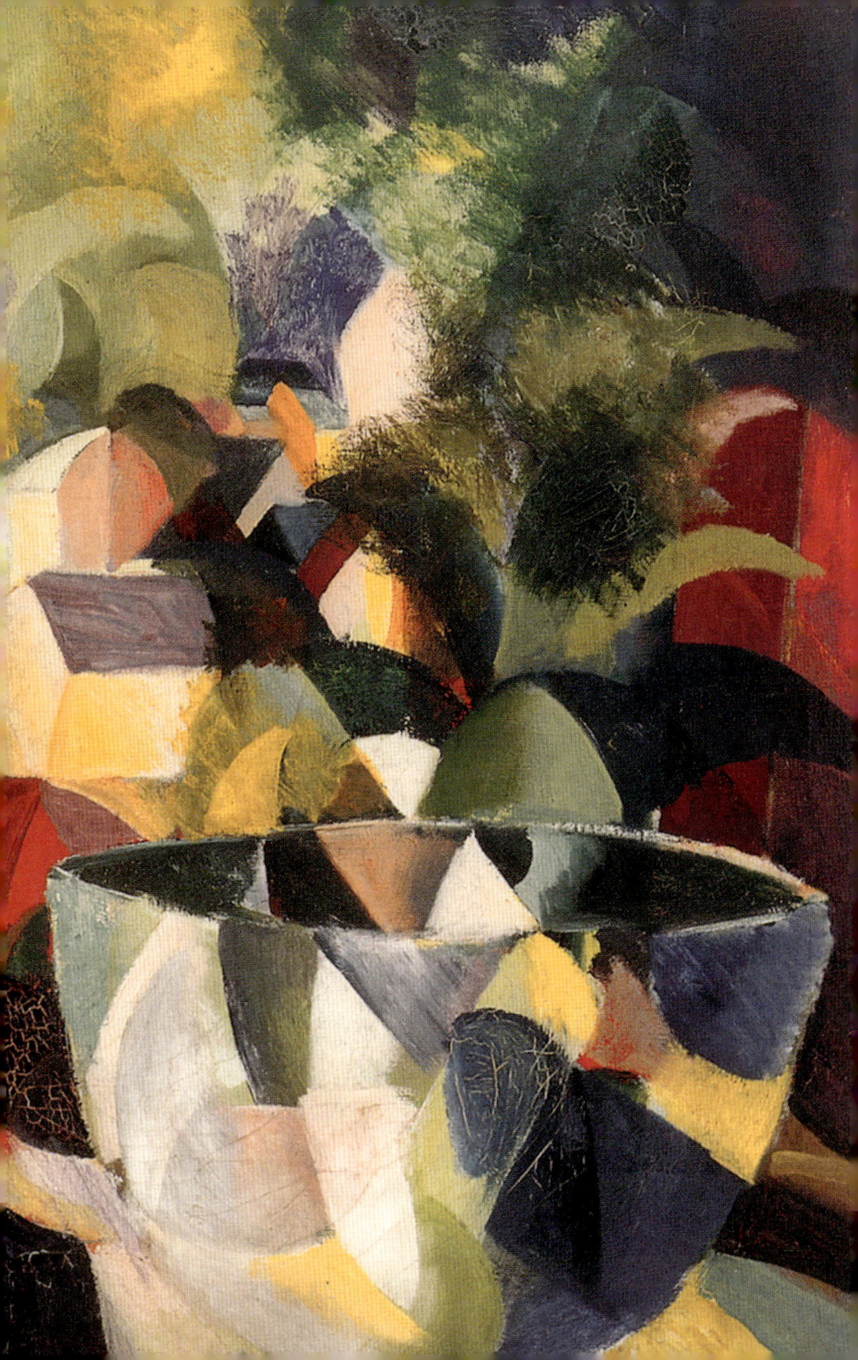

Macke entführt uns mit seiner Kunst in eine leuchtend bunte Welt. Die Auswahl der Farben, ihre rhythmische Verteilung auf der Bildfläche und die daraus erwachsenen Gegenstandsformen klingen in einer harmonischen Gesamtwirkung zusammen. In dieser Welt ist alles Negative ebenso ausgeblendet wie die Nebenwirkungen der technischen und industriellen Entwicklungen, die zu Mackes Zeit deutlich spürbar waren. Stattdessen interpretiert Macke das moderne Leben voller Hoffnung auf eine Entwicklung zum Besseren. Seine Vision vom irdischen Paradies hat dabei programmatischen Charakter.

Das Kunstwerk ist unsere Erfahrung, unser Staunen vom Maße der Dinge, das Rhythmische im Kunstwerk ist ein Gleichnis für das Rhythmische in der Natur selbst.

August Macke, 1913

Es ist genau diese heitere Weltsicht, die uns heute fasziniert und unmittelbar anspricht. Dabei besteht die Gefahr, dass wir den Entstehungszusammenhang der Kunstwerke und ihre damalige Wirkung ausblenden. Denn: Macke arbeitet in einer in sich tief zerrissenen Zeit, die haltlos auf den Ersten Weltkrieg zutaumelt. Die den Alltag in vielerlei Hinsicht erleichternden Erfindungen in Technik, Medizin und Wirtschaft stehen in einem unauflösbaren Widerspruch zu einer autoritären und repressiven Gesellschaftsordnung. Auch der Anspruch an die Kunst entspringt noch bruchlos dem 19. Jahrhundert, und deshalb wirken die Bilder Mackes, die uns heute beinahe harmlos vorkommen, damals chaotisch, erschreckend und schreiend bunt. Der zeitgenössische Betrachter fühlt sich eher an ein dekoratives Teppichmuster erinnert – aber ein akzeptables Gemälde konnte er in den Werken Mackes nicht entdecken.

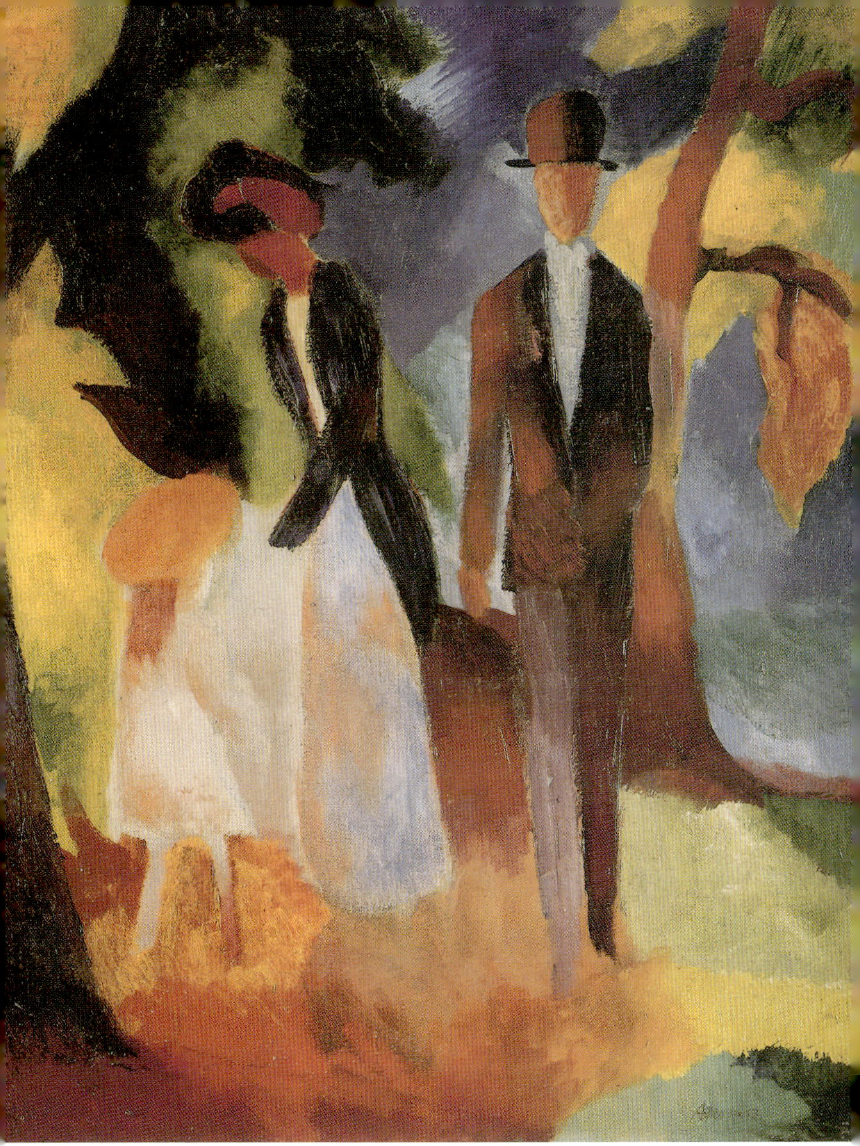

Leute am blauen See, 1913, Öl auf Leinwand, 60 x 48,5 cm

Abschied (Straße mit Leuten in der Dämmerung),
1914, Öl auf Leinwand, 105 x 130 cm

Ganz unbeabsichtigt wird damit etwas entscheidend Neues im Selbstverständnis der Expressionisten erkannt. Künstler wie August Macke definieren sich nämlich nicht mehr ausschließlich als Maler mobiler Staffeleibilder, die an einem beliebigen Ort präsentiert werden können, sondern als Gestalter in einem umfassenden Sinne. Das Kunstwerk wird dementsprechend nicht mehr als ein einzelnes, isoliertes Objekt, sondern als Teil eines großen Ganzen, eines Ensembles, verstanden. Immer wieder variiert Macke dieselben Motive und Sujets. Dabei unterscheidet er nicht, ob er auf eine Leinwand malt oder Keramiken dekoriert. Jedes einzelne Kunstwerk ist für ihn Teil eines großen gestalterischen Zusammenhangs in einem aufeinander abgestimmten Gesamtgefüge. Das Kunstwerk entwickelt so eine übergeordnete ästhetische Wirkungsmacht. Mackes Bilder sind also nicht nur leuchtend bunte Verklärungen der wirklichen Welt: Sie sind Visionen eines irdischen Paradieses und damit seine persönliche Antwort auf die Herausforderungen der Moderne und zugleich ein Ausdruck seiner Weltsicht.

MALER AUSSER DIENST

Schon die Marokkokrise 1911 und der Balkankrieg Ende 1912 haben gezeigt, wie labil der Weltfrieden aufgrund des imperialistischen Gebarens der europäischen Nationen ist. Und das, obwohl Wilhelm II. sowohl mit dem englischen Königshaus als auch mit der russischen Zarendynastie verwandt ist. Als Österreich Ende Juli 1914 nach der Ermordung des österreichischen Thronfolgers Serbien den Krieg erklärt, spürt Macke das heraufziehende Ende einer Epoche und den nahen Abbruch seines Schaffens, wie sein Freund Lothar Erdmann festhält. An der sofortigen Einberufung nach der Mobilmachung führt kein Weg vorbei – Macke ist ausgebildeter Reservist und Vizefeldwebel. An Bernhard Koehler nach Berlin schreibt er resigniert: „Dein August Kunstmaler außer Dienst“. Am Anfang ist erstaunlicherweise eine gewisse Begeisterung zu spüren – trotz der engen freundschaftlichen und künstlerischen Verbindungen zu französischen und russischen Künstlerkollegen.

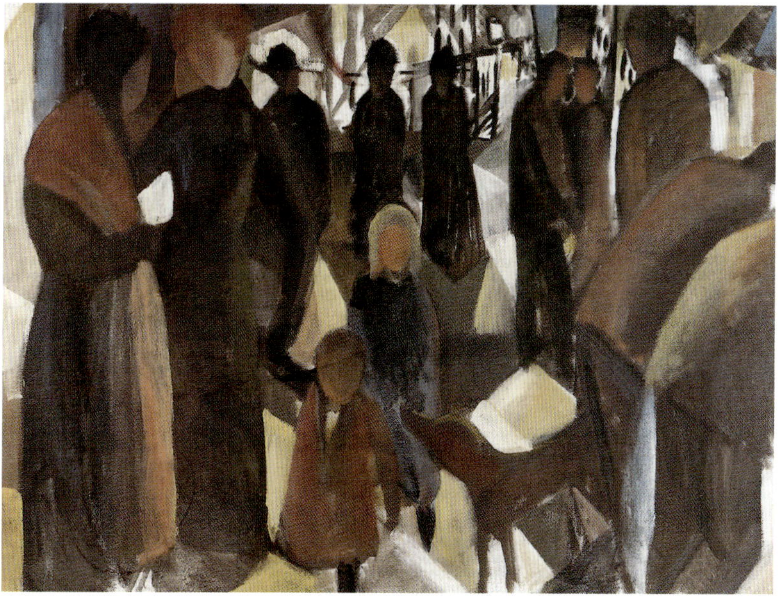

Der Krieg ist von einer namenlosen Traurigkeit.

August Macke, 1914

Mit der Idee vom Krieg verbanden sich 1914 Vorstellungen von einem reinigenden Unwetter, das alles Alte hinwegfegt und Neuem Raum schafft. Die Texte und Briefe von Franz Marc aus dieser Zeit sind voll von diesen Gedanken. Aber spätestens nach der ersten Schlacht ist Macke völlig ernüchtert. Die anfängliche Euphorie ist der Verzweiflung über „das Schreckliche", einer „namenlosen Traurigkeit" gewichen. Als Macke nach der Verleihung des Eisernen Kreuzes 2. Klasse am 26.9.1914 in der Schlacht in Perthes-lès-Hurlus in der Champagne fällt, nur sieben Wochen nach Kriegsbeginn, lässt er ein eher düsteres Bild auf seiner Staffelei im Atelier zurück. Er hat es Ende Juli 1914 begonnen, aber nicht mehr fertiggestellt. Der Titel *Abschied* wird erst nach seinem Tod hinzugefügt, stammt also nicht von Macke selbst. Trotzdem kündigt das Gemälde von den Vorahnungen des Schreckens. Es gibt Anlass zu der Spekulation, Macke habe sein eigenes Ende bereits vorhergesehen.

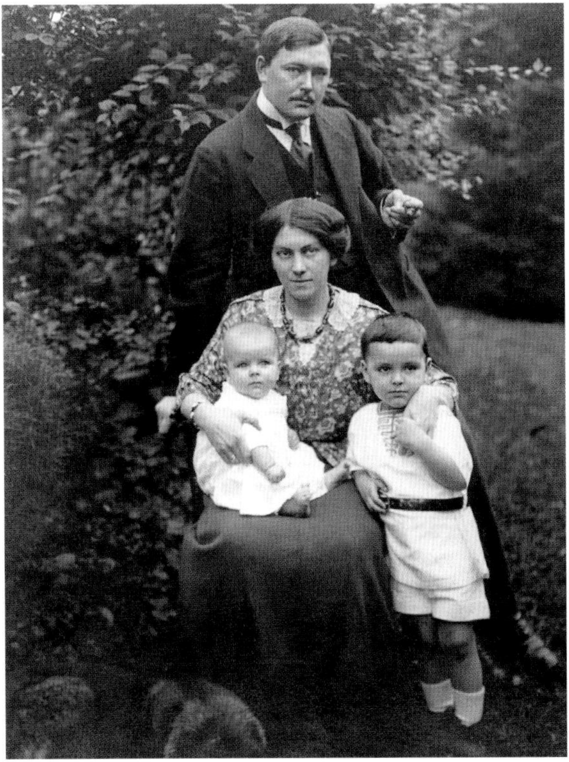

August Macke mit Elisabeth und den Söhnen Wolfgang und Walter, Bonn 1913

Elisabeth bleibt nach dem Tod Mackes mit zwei kleinen Kindern zurück. Sie hat nicht nur ihre große Liebe verloren, auch die Sorge um die junge Familie und die Verwaltung des künstlerischen Erbes lasten schwer auf ihr. In einem erschütternden Nachruf beklagt der Freund Franz Marc den unermesslichen Verlust für die deutsche Kunst: „Mit seinem Tode knickt eine der schönsten und kühnsten Kurven unserer deutschen künstlerischen Entwicklung jäh ab; keiner von uns ist imstande, sie fortzuführen." Zwei Jahre später fällt auch er.

Die Wertschätzung unter den modernen Künstlerkollegen für Macke ist enorm. Aber nur wenige Sammler sind als Käufer tätig geworden. Eine Ausnahme ist einzig Bernhard Koehler, der von Macke allein über 50 Werke besitzt. Kein einziges Museum hat zu Lebzeiten des

Künstlers eines seiner Gemälde angekauft. Viele seiner Bilder hat er verschenkt, als Dank an Sammler oder für die Ausrichtung einer Ausstellung etwa an den Jenaer Kunstverein. Erst nach dem Ersten Weltkrieg beginnt die breite Wertschätzung der expressionistischen Malerei. Die vorher unverstandenen Künstler werden als Professoren an die endlich reformierten Kunstakademien berufen. Auch Mackes Bilder finden nun Eingang in die Bestände der Museen. Nur für kurze Zeit, denn im Rahmen der Aktion Entartete Kunst 1937/38 und der gleichnamigen Wanderausstellung werden diese Werke von den Nationalsozialisten aus den öffentlichen Häusern beschlagnahmt. Als Devisenbringer lassen die Nationalsozialisten die von ihnen als „entartet" eingestuften Kunstwerke auf Auktionen in der Schweiz oder über eigens beauftragte Kunsthändler, etwa Hildebrand Gurlitt, verkaufen. Nach dem Zweiten Weltkrieg sind die Museen gezwungen, ihren Bestand an expressionistischer Kunst vollständig neu aufzubauen. Viele Bilder sind allerdings bis heute verschollen. Immer mal wieder tauchen einige dieser Arbeiten auf dem Kunstmarkt auf. Elisabeth Macke, die 1916 in zweiter Ehe Mackes Freund Lothar Erdmann heiratet, gelingt es unter großen Mühen, eine beachtliche Zahl der in ihrem Besitz befindlichen Arbeiten von ihrem damaligen Wohnort Berlin zu Freunden in die Umgebung zu bringen, sodass der Großteil ihrer Bilder die Bombenabwürfe auf die Hauptstadt unbeschadet übersteht.

Vor allem in den 1990er-Jahren beginnt ein Prozess der Neubewertung und Wertsteigerung. Heute ist jede Macke-Ausstellung ein echter Publikumsrenner. Und die Gemälde aus seinen letzten Schaffensjahren vor dem Ersten Weltkrieg, die typischen Mackes eben, die als Druck auf Tassen und Kalendern über die Museumsshops mittlerweile Eingang in viele Haushalte gefunden haben, erzielen auf dem Kunstmarkt Werte um die 1 bis 2 Millionen Euro. Diese Summen sind von den öffentlich finanzierten Museen kaum noch aufzubringen.

Konzeption und Redaktion
der Kleinen Reihe
Martina Padberg

Grafik und Satz
Christian Padberg

Lithografie
dpi-factory, Krefeld

Papier
Profi Bulk, 150 g/m²

Druck
Passavia Druckservice, Passau

Printed in Germany

Erschienen im
Wienand Verlag, Köln
www.wienand-verlag.de

© Wienand Verlag, Köln,
und die Autorin, 2015

ISBN 978-3-86832-208-8

Gedruckt mit freundlicher
Unterstützung der Stiftung
für Buch & Kunst

Bibliografische Information der Deutschen
Nationalbibliothek
Die Deutsche Nationalbibliothek
verzeichnet diese Publikation in der
Deutschen Nationalbibliografie;
detaillierte bibliografische Daten sind
im Internet über http://dnb.d-nb.de
abrufbar.

Umschlagabbildung und Abbildung
hinterer Vorsatz
Landschaft mit Kirche und Weg, 1911

Fotonachweis
Hamburger Kunsthalle: S. 50
Kunstmuseum Bonn: S. 5, 11, 73
LWL-Museum für Kunst und Kultur,
Westfälisches Landesmuseum, Münster,
Margot Schmidt, Hamburg: S. 29, 41,
68 rechts, 78
Städtische Galerie im Lenbachhaus,
München: S. 39
Günter Weber, Bonn / August Macke
Haus Bonn: S. 7, 8, 16, 33, 37, 40, 42,
44/45, 66, 67, 68 links, 69, 76/77, 80, 94

Alle anderen Abbildungen entstammen
dem Archiv des Wienand Verlages.

WIENAND[S]
KLEINE REIHE
DER KÜNSTLER-
BIOGRAFIEN

96 Seiten
12,95 €

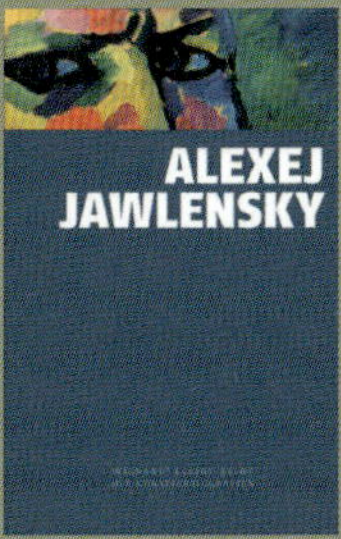

978-3-86832-286-6

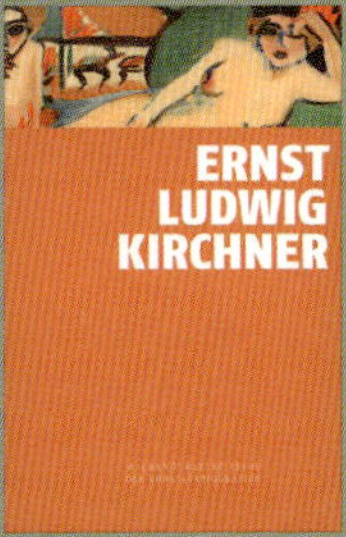

978-3-86832-389-4

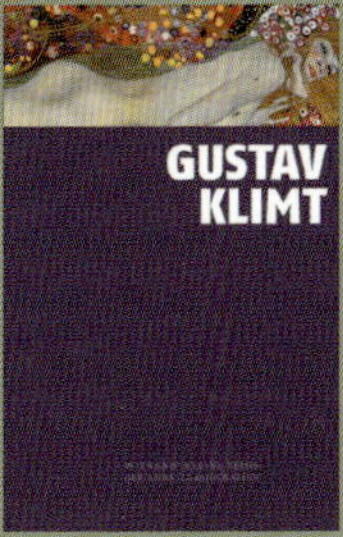

978-3-86832-387-0

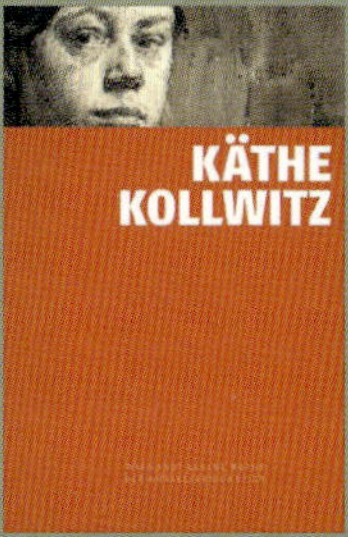

978-3-86832-285-9

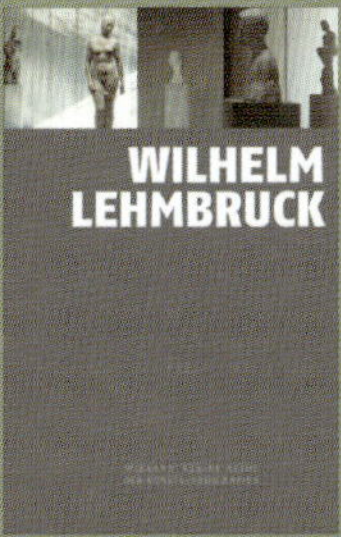

978-3-86832-388-7

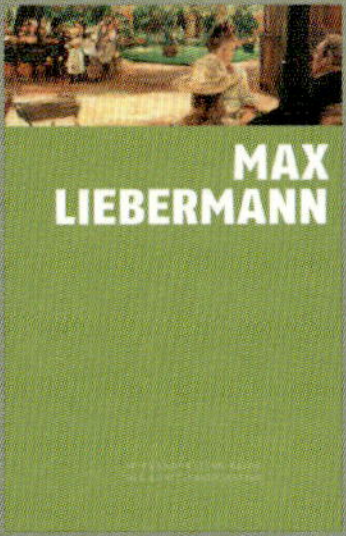

978-3-86832-373-3

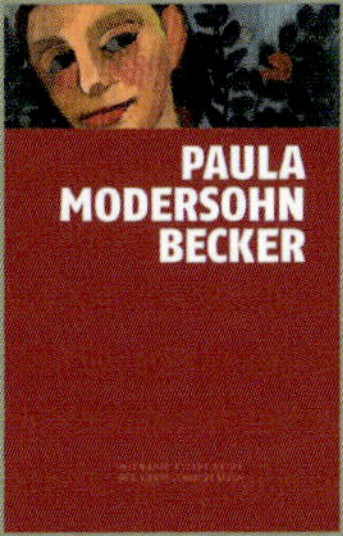

978-3-86832-210-1

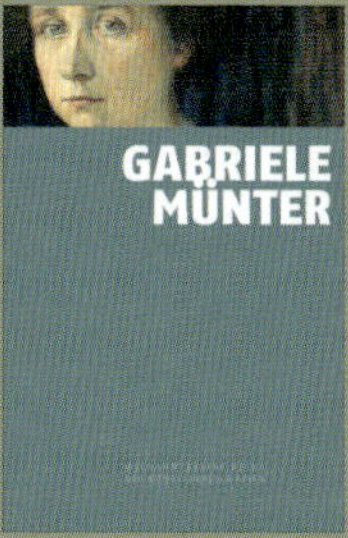

978-3-86832-372-6

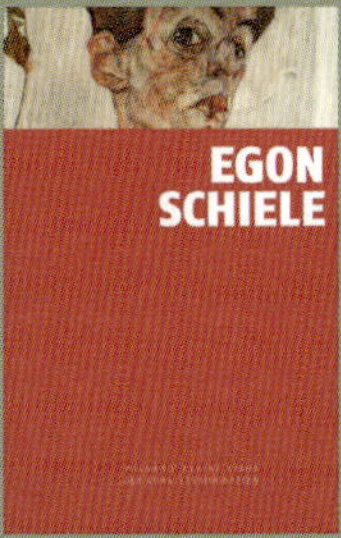

978-3-86832-374-0

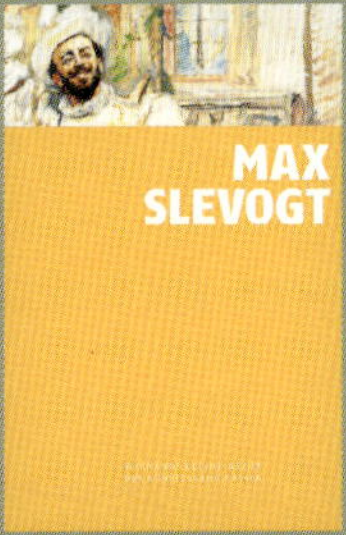

978-3-86832-442-6

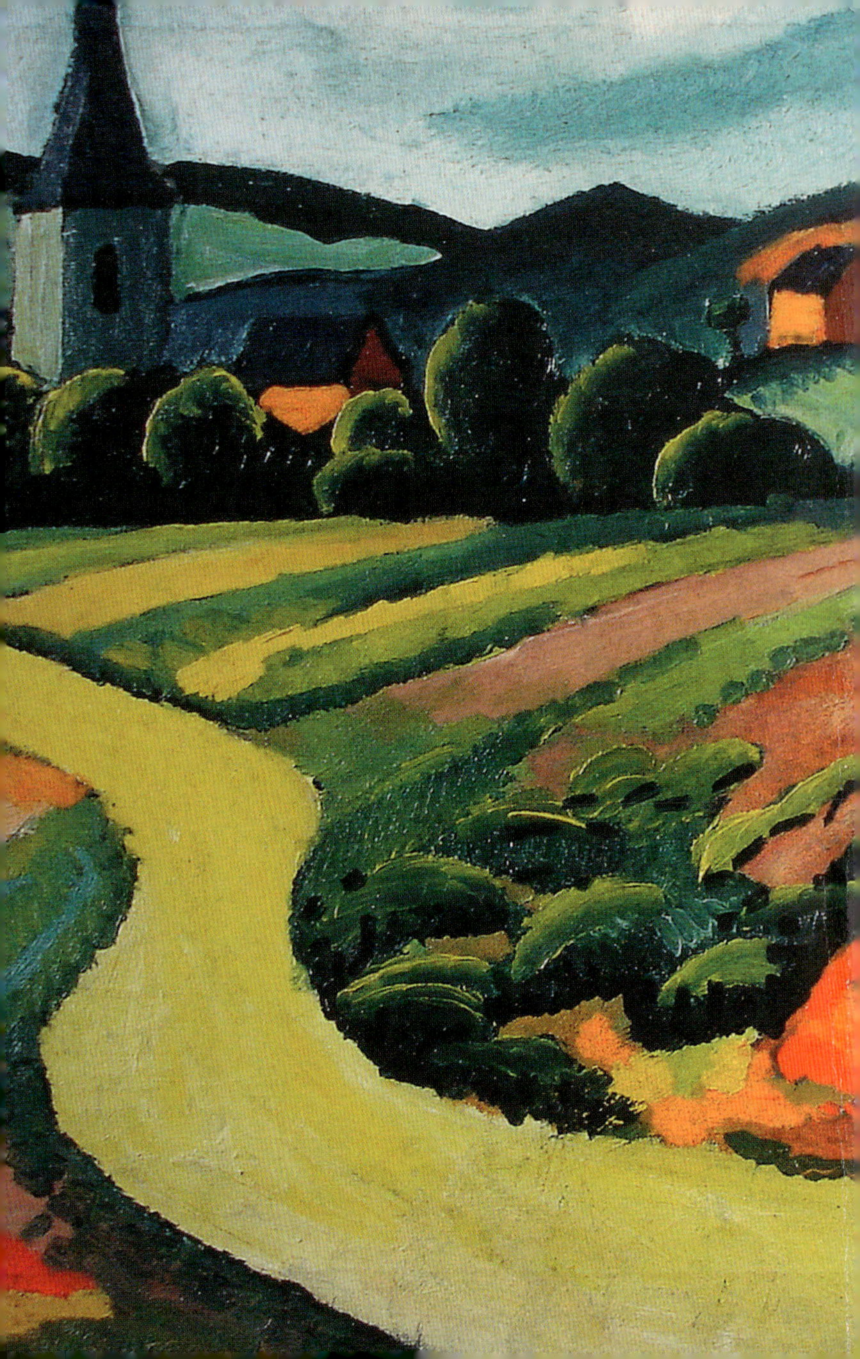